培养孩子的竞争力

硬知识+软技能=未来社会的竞争力

〔日〕工藤勇一 著 张楠 黄碧波 译

麹町中校長が教える
子どもが生きる力をつけるために親ができること

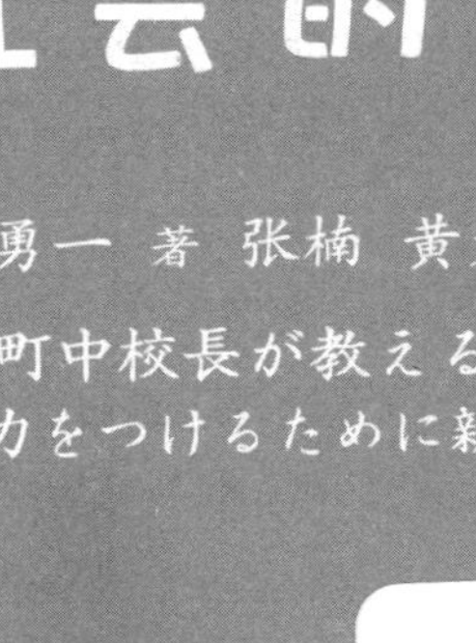

中国妇女出版社

图书在版编目（CIP）数据

培养孩子的竞争力 ：硬知识 + 软技能 = 未来社会的竞争力 / （日）工藤勇一著 ；张楠，黄碧波译 . -- 北京 ：中国妇女出版社，2021.4
ISBN 978-7-5127-1926-2

Ⅰ . ①培… Ⅱ . ①工… ②张… ③黄… Ⅲ . ①家庭教育 Ⅳ . ① G78

中国版本图书馆 CIP 数据核字 (2020) 第 195152 号

培养孩子的竞争力——硬知识 + 软技能 = 未来社会的竞争力

作　　者：〔日〕工藤勇一　著　　张　楠　黄碧波　译
责任编辑：应　莹　闫丽春
封面设计：周周设计局
责任印制：王卫东
出版发行：中国妇女出版社
地　　址：北京市东城区史家胡同甲 24 号　　邮政编码：100010
电　　话：（010）65133160（发行部）　　65133161（邮购）
网　　址：www.womenbooks.cn
法律顾问：北京市道可特律师事务所
经　　销：各地新华书店
印　　刷：三河市恒彩印务有限公司
开　　本：147 × 210　1/32
印　　张：7
字　　数：110 千字
版　　次：2021 年 4 月第 1 版
印　　次：2021 年 4 月第 1 次
书　　号：ISBN 978-7-5127-1926-2
定　　价：42.00 元

前 言

初次见面，你好。

我是工藤勇一，来自东京，现任千代田区立麹町中学的校长。

赴任麹町中学已是第六个年头了，如今即将迎来我教师生涯的第三十六个秋天。

麹町中学作为不断实施教学改革的公立中学，有幸受到了各大媒体的广泛关注。也正托此之福，我们不断听到许多支持的声音，收到众多演讲的邀请，迎接了越来越多前来咨询的人。

在这里，我想向一些对麹町中学实行的改革还不是很清楚的人简单介绍一下我们实施改革以来的一些措施：从大的方面来说，我们不再给学生布置作业，不再进行定期考试。同时，我们也废除了固定班主任制度，改为实行全员班主任制度（无固定班级的班主任）。

此外，我们对学生的服装、发型等也不再有固定的要求。第一次听说这样规定的人可能会感到大吃一惊。

这些改革措施，并非漫无计划地胡乱进行着的。我在自己的执教生涯中，不断思考“学校究竟是为了什么而存在”这个问题，其实这些改革实践就是我的答案。

平日里，我总会隐隐约约地感觉到，如今日本的学校正在渐渐地迷失建校的“真正目的”。

每天固定的大量作业，为取得佳绩而临阵磨枪来应付的定期测验，不知会被谁读的读后感，教室里一直强调的“敦睦”与“平和”，被视为美德的守礼与忍耐……

当然，以上这些并不是不必要的东西。

但是，它们究竟能不能称得上是“最重要的”呢？

世间有各种各样的人，学校里也聚集着各种各样的孩子。

这其中就有个性鲜明、坐不住的孩子，不擅长读书写字的孩子，以及视觉或听觉有障碍的孩子。

尤其是个性鲜明的孩子，他们当中的大多数在人际交往、行为规范、面对面交谈、守礼忍耐等方面不是特别擅长。

然而我认为，学校正是一个能够挖掘所有孩子“在社会上更好地生存下去的力量”，并将这种力量无限延伸下去的地方。

“完成作业”以及“取得佳绩”这些事，并不一定与“能够在社会上更好地生存下去”正相关。

如今，社会迅猛地冲入了一个革新技术高速发展、经济架构日益更新的时代。

寥寥数人的小企业五年之后可能摇身变为一家大企业，大企业的业务也有可能会骤然紧缩，没有人知道接下来会发生什么。

要想在这样一个时代中生存下去，最重要的就是拥有“独立思考、沉着判断、务实笃行”这样的素质。

我将这些定义为“自律”。（并非经济上的独立或离开父母的那种自立，而是在“控制自己”意义上的“自律”。这是即使在经济上无法独立的孩子也可以做到的“自律”。）

过去的学校很重视礼节、忍耐，以及人与人之间的协调。它们总会规定孩子们“必须要做这样的事”“不准做那样的事”。这样一来不仅不能让孩子们学会“自律”，反而会剥夺孩子们的独立性和自主性。

这一点在家庭教育中也是如此。如果家长们想要自己的孩子变得能够独立思考、沉着判断、务实笃行的话，那么就必须弄清楚育儿的重点。

我身为一名教师的同时，也是两个孩子的父亲。大儿子和小儿子都已经长大成人并有了自己的生活。

在人们眼里，我是一名致力于麹町中学教学改革的校长。因此大家可能会感觉，我在私下也应该会是一位非常严厉的父亲。不过实际上，私下的我和在学校的我判若两人。

在家的时候，我总会和两个孩子一起顽皮，嬉戏打闹，大笑着欢乐地度过每一天。几乎没有正儿八经地严厉训斥他们的记忆。并且，我也和大家一样，有着许多不知该如何教育孩子的烦恼。

在编写这本书的时候，尽管我一直在回看自己从前教育孩子的经历与心得，但这些经验究竟是正确的还是错误的，就算到了现在，我也不能给大家一个准确的答案。

作为一名教师，平日里与学生们交往的时候，出于教师的职业素养，我能够自信地侃侃而谈。但是，如果问我作为一名父亲的感想，那我也只能苦笑以对了。

现在想想，对妻子而言，说不定我就是家里第三号任性顽皮的大孩子。虽说如此，还是要感谢眼前茁壮成长的孩子们。

只是，在我和众多孩子一同度过的教学生涯中，其间的收获或许能够为大家在教育孩子方面提供一份参考。

另外，从我长久以来观察孩子们成长的经验来看，在迎接时代大变革的当下，和重新思考“建校的真正目的”一样，我们必须重新思考“育儿的真正目的”的时代也已经来临。

因此，我希望在这本书中和大家共同去思考、探讨“育儿的真正目的”。

为了更便于大家阅览，我把这本书编辑成无论从哪里开始都可以阅读的结构，就是说即使大家从目录中选择感兴趣的部分开始往下读，也完全没有问题。

此外，我还想告诉大家的一点是，这本书并非一本育儿指南。因为这本书出自一个不称职的父亲，所以大家尽可以将我视为一个反面教材去阅读。

在这里，我也希望大家一定不要还未具体实践就沮丧着妄自菲薄，认为“自己是一个没用的父亲或母亲”。教育子女最重要的是构建出亲子之间其乐融融的关系。所以，就算不是什么伟大的家长也没有关系。

我甚至认为，只要对孩子怀有“我是世上最爱你的人”这样的想法，那就可以称之为合格的父母。

我由衷地希望，通过这本书，能够让不断探索育儿之道的父母们得到精神上的放松，能够给对因育儿忐忑不安的心灵带去一份慰藉。

目录

CONTENTS

培养孩子的竞争力

01

孩子本身就是一个独立个体

这类孩子通常都有一个共同的特征：凡是在生活中遇到一点失败或者不顺心的事，总爱把责任归咎到别人头上……

培养孩子的竞争力

自从麹町中学受到各大媒体的关注后，大家一直认为它是一所名门公立学校，然而事实并非如此。

如果大家在观察过麹町中学初一的学生之后，一定会感到非常惊讶。学生在课堂上随意离开座位或者趴在桌子上睡觉的现象早已不足为奇，甚至有些孩子干脆离开教室、独自在走廊上学习。

很多刚进入麹町中学的孩子都缺乏自主性，总是抱怨周围人的行为。他们不喜欢学习，总是和老师对着干，不信任朋友，甚至对人生失去了希望。

麹町中学要用大约一年半的时间对这些孩子的人格进行重新塑造，说是一种“康复训练”也不为过。

虽然比较花费时间，但当这些学生进入初中三年级时，大多数的孩子都露出了友好和善的面容，同时，他们也变得越来越愿意相信大人。平日里的学习也好，活动也好，他们都愿意主动参与，并且，孩子们都渐渐成为独立个体。

“渐渐成为独立个体”，这句话听上去稍显奇怪。或许，“渐渐回到独立个体”这样的说法比较恰当。

之所以这么说，是因为人在刚出生的时候就已经是一个独立个体。

婴幼儿总是对世间的一切充满好奇。对凡是能看见的、能摸到的、会动的、能吃的东西……他们都充满兴趣，想要积极地去探索。

婴幼儿对事物着迷的样子，正是人类天生具备自主生存能力的证据。

但是，在孩子们被陆续送往托儿所、幼儿园、小学之后，变成了什么样子呢？

“好好听我的话”“坐好了不准动”“和大家好好相处”……诸如此类的话语总是会萦绕在孩子们的耳畔。独立自主的行为似乎被认为是不好的，是会被禁止的。

渐渐地，越来越多的孩子树立起了“只要乖乖听话就是好孩子”这样的价值观。于是，孩子们也就随之渐渐地失去了那份自主性。

这类孩子通常都有一个共同的特征：凡是在生活中

遇到一点失败或者不顺心的事，总爱把责任归咎到别人头上。

正如我之前在前言中提到的，如果这样的话，他们将无法适应接下来的生活。

我认为，父母不能再拉着孩子，逼着他们去走这条“正确道路”了。相反，只要父母在旁边守护好，孩子应该能够再一次发挥出属于自己的自主性。

亲子教育小贴士

要重新找回孩子的自主性。

02

父母越少干涉，孩子越发自律

平时，你对自己的孩子娇生惯养，全身心为他们解决面临的困难。倘若有一天你突然要求自己的孩子“从今天开始你要独立了”“你要学会自律了”，那么你的孩子将会感到非常困扰……

请大家想象一下下面这个场景。

在一个公园里，有许许多多的孩子。孩子A和孩子B在沙坑里玩耍，孩子A拿走了孩子B的玩具。之后无论孩子B怎么对孩子A说“还给我”，孩子A都迟迟不肯归还玩具。

第二天，孩子A和孩子B又在沙坑里玩耍，孩子A对孩子B说‘把你的玩具借我玩一下”。因为考虑到前一天发生的事情，孩子B并不情愿再把玩具借给孩子A，于是很强硬地表了态，然后两个孩子就发生了争执。

只看到打架现场的父母们很可能会说：“快去借给人家玩一下”“不可以吵架”“要好好相处”。

其实，在那样的场景下，孩子A懂得了“如果不及时归还玩具，第二天别人就不愿意再把玩具借给我”的道理，孩子B的心里也会留下“他曾经借了我的玩具没有还”这样的印象。

如果大人不进行干涉，这两个小孩就会去独立思考双方要如何交流，思考是“一起商量”还是分别到不同的地方玩耍，等等。

父母在第一次带着自己的孩子去公园游玩的时候，是否也用“要和朋友们好好相处哦”之类的话语嘱咐过自己的孩子呢?

当孩子夺走了伙伴的玩具，即将引起矛盾的时候，各位家长朋友们有没有因为担心孩子们之间一触即发的争论，而用“闹矛盾不好哦”“把玩具借给他，你真棒”之类的话语去介入孩子们的矛盾当中呢?

可是，我们只有给孩子们亲自面对这些矛盾的机会，才能让他们自然地学习到很多社交技能，从而培养他们“独立解决问题”的意识。

如果父母们一直这样干涉的话，孩子可能会被培养出“没有父母在，就无法解决矛盾”的意识。

之所以很多时候做不到默默关注，是因为父母们没有制定“让孩子学会自律”这样的最高目标。

在江户时代，父母不介入孩子们之间的矛盾是理所当然的。每当孩子们之间产生矛盾的时候，父母们总会让他们自己去想办法解决问题，但是在现代，很多父母把“不发生矛盾”作为目的。

在公园散步时，父母一般的做法是“不离开孩子的视线”。因为很多孩子踏入社会的第一个社交场所就是公园，这里恰恰为孩子提供了学习社交技巧的机会，所以父母只需退一步，在旁边守护孩子即可。

父母不可能一直陪着孩子。

将来孩子进入社会，和别人产生意见分歧的时候，父母也能够介入其中，从中调解吗？

事实上，社会上可能会有一些跟你的孩子意见相左但又必须处好关系的人。那么，作为父母，在这种情况下，究竟还能不能助自己的孩子一臂之力呢？

答案是不能。

我相信大家应该也都已经有所感悟了。

父母尽量不干涉孩子的事情。

父母不要过度地去帮助自己的孩子，试图替他们清除障碍。应该守护在孩子身边，陪伴他们去经历成功与失败，最终成功跨越壁垒。

这并不是放任不管，更不是直接抛弃。

此外，根据孩子的成长阶段和状况，父母为孩子提供帮助的形式也要有所不同，父母必须要视情况采取措施。

学校教育和家庭教育，性质都是一样的。翻天覆地的时代变化潮流已经滚滚而来。

我们无法再像以前那样，靠等待指令行事，而将责任归咎于他人。我们必须要成为一名独立思考、敢于尝试失败的开拓者。

平时，如果我们对自己的孩子娇生惯养，全身心为他解决面临的困难。倘若有一天你突然要求自己的孩子“从今天开始你要独立了”“你要学会自律了”，那么你的孩子将会感到非常困扰。

父母应该按下“放手孩子”的倒计时按钮，按照孩子的成长节奏，科学育儿。

亲子教育小贴士

按下“放手孩子”的倒计时按钮，科学育儿吧！

培养孩子的竞争力

03

幸福的亲子关系，无须“理想的育儿经”

对于怀有这样苦恼的父母，我非常想向你们传达一句话：请不要变得不幸福。

不要因为自己是不够完美的父母，就自卑、轻视自己……

大家知道《孩子是父母的镜子》这首诗吗？

这首诗出自由PHP研究所[1]出版，多萝西·劳·诺尔蒂博士所著的《好父母才是好老师》一书。

我大约在25年前接触到这首诗。在由扶桑社出版，加藤谛三所著《印第安的教训》一书中，有一行醒目的标题介绍了这首诗："孩子们这样来学会他们的生存之道。"诗歌的内容如下：

孩子是父母的镜子

如果孩子生活在批评之中，他们将学会指责。
如果孩子生活在敌意之中，他们将学会斗争。
如果孩子生活在恐惧之中，他们将学会忧虑。
如果孩子生活在怜悯之中，他们将学会自艾。
如果孩子生活在嘲笑之中，他们将学会胆怯。
如果孩子生活在猜忌之中，他们将学会嫉妒。
如果孩子生活在训斥之中，
他们将会认为自己是个"坏孩子"。

---

①PHP研究所是由松下幸之助创设的，致力于研究、出版、研修、社会活动等。——译者注

如果孩子生活在鼓励之中，他们将学会自信。
如果孩子生活在宽容之中，他们将学会忍耐。
如果孩子生活在赞美之中，他们将学会开朗。
如果孩子生活在爱护之中，他们将学会关爱。
如果孩子生活在认可之中，他们将学会自爱。
如果孩子生活在赞扬之中，他们将学会努力。
如果孩子生活在分享之中，他们将学会慷慨。
如果孩子生活在诚实之中，他们将学会坦诚。
如果孩子生活在公平之中，他们将学会正义。
如果孩子生活在慈睦之中，他们将学会善良。
如果孩子生活在安全之中，他们将学会坚强。
如果孩子生活在友善中，他们将了解世界的真善美。

即使时隔多年，再次翻开这首诗歌，也会使我不由赞叹其中的内容，认同其中的道理。

第一次接触这首诗的时候，我还是一名新人教师，一个年轻的父亲。这首诗让我深刻反省自己，认识到自己的不足之处。但是，在这里我却想向大家传达与这首诗的意思相反的观点。

父母不能有“必须按照上面说的做”这样的惯性思维。

因为我认为，追求完美的父母未必会给自己和孩子带来幸福。

如果父母抱有“可能是那个错了”“要是当初这样做就好了”这样的想法，一味地后悔，露出一副卑躬屈膝的样子，对于孩子们的成长绝对是一件坏事。

因为这很可能会将孩子培养成一个总是推卸责任的人。他们会说出“我变成现在这个样子，都是你们造成的”之类的话。

我从事教育工作已经36年了，认识了许许多多的孩子，结识了许许多多的父母。我听到了许多对育儿紧张不安、万般无奈的父母们的声音：“不能和孩子好好相处”“没能建立好和学校的关系”“孩子再这样下去的话真的没关系吗”……越是在意育儿的父母，越会陷入如何教育孩子会更加完美的苦恼之中。

对于怀有这样苦恼的父母，我非常想向你们传达一句话：

请不要变得不幸福。不要因为自己是不够完美的父母，就自卑、轻视自己。

父母一定要坚持自己爱孩子的那份自信！我认为这才是最重要的。

“让父母和孩子不幸福的理想育儿理念，没有存在的必要”，这是我一直以来的想法。

我见过有太多父母过于追求完美的育儿方式，而把原本可以和孩子一起度过的幸福时光变得煎熬难耐。

在当下这个时代，培养孩子掌握寻找幸福的能力，才是我们为人父母应该做的事。

不要高举理想主义，不要轻易变得不幸福。

只有这样才能拥有创造出未来幸福的力量。

亲子教育小贴士

不要轻易变得不幸福，多加磨炼感受幸福的能力吧！

04

孩子不会按照父母想的那样成长

其实，为人父母，把自己曾经的失败和不擅长的事情全都投射到孩子身上，并没有太大的意义……

这本书记录了我教育孩子的一些方法和心得，我想在这里告诉大家：**和谐融洽的亲子关系比什么都重要。**

如果大家在参考了这本书之后，反而使家庭中和睦的亲子关系变得糟糕的话，就没有必要参考了。

这是为什么呢？**因为对孩子来说，只有成长在一个充满和谐、安全、温馨氛围的家庭中，才能让他们感到自信，才能培养出孩子敢于挑战、勇于探索的精神。**

这一点，在最新的脑神经科学研究中也得到了证实。

研究结果显示，大多数一遭遇困难和失败就被父母训斥的孩子，会变得越来越不愿意尝试新的挑战。

孩子想要挑战新事物，挑战自己没有过的经历，这股干劲儿正是源于**“就算失败了也没关系”这样一个温馨的家庭。正因为有了这样的家庭环境，孩子们才能更好地成长。**

因此，我认为想要让孩子学会自律，亲子之间其乐融融的亲密关系是绝不可少的。

我想，在日常生活中父母教育孩子的时候，肯定会存在感情用事、絮絮叨叨等情况。

在这里我想先问大家一个问题：大家是因为什么事情而去训斥孩子的呢？

“别磨磨蹭蹭的，快做决定啊！”

“连这点小事都做不好？”

“你这样做不就能快点完成了吗？”……

如果冷静下来思考的话，你会发现这些批评孩子的事情就是父母们自己不擅长或者讨厌的东西。换句话说，这些其实是父母们自身比较在意的东西。

许多父母认为，不能让自己曾经犯过的错误再让自己的孩子犯一遍。因此他们往往会和孩子说：“你去做这个比较好。”“不要去做那个比较好。”

久而久之，受到潜移默化的影响，孩子对父母强调的这些方面也变得在意。

其实，为人父母，把自己曾经的失败和不擅长的事情全都投射到孩子身上，并没有太大的意义。

虽说是父母和子女的关系，但大家终究是不同的独立个体，所经历的人生也是截然不同的。

当然，也会有父母这样说："我知道自己平时比较唠叨，孩子心里也比较厌烦。不过就算被讨厌也没有关系，他是我的孩子，我相信总有一天他会明白我的良苦用心。"

确实，随着时间的推移，有些孩子会明白父母的良苦用心。但是，也有很多孩子自始至终无法理解父母，一味排斥父母的此类教导，最终造成亲子关系恶化的局面。这样的家庭确实也不在少数。

正因为是自己的孩子，所以才要用言语和态度向他传递信息。

假如你的行为确实引起孩子对你产生厌烦的话，还请各位父母务必静下心来，试着重新认识你们和孩子之间的关系。

在我的整个教师生涯中，由书之森出版社出版，森俊夫和黑泽幸子编著的《森俊夫和黑泽幸子的短程治疗法》一书，给我提供了很多参考。这本书中列举了当你想要解决某个问题时的三种方法：

1.如果事情进展得很顺利，请不要随意变动；

2.如果尝试一次之后，事情进展变得顺利，请继续坚持；

3.如果事情进展得不顺利（不论结果如何），请立即改弦易辙。

如果你和孩子之间的关系十分僵硬，我建议你可以试着改变自己平日里对孩子的教导行为和说话方式，以此来缓和或重新改变你们之间的关系。

如果你每天都面带怒色，不妨先尝试着一星期在家里不要动怒，面带微笑地对待孩子。

最开始可能不会有什么变化，甚至你会有些许失落。但是，哪能仅用一两天的时间就改变已经十分僵硬的亲子关系呢？

这就如同一件系错纽扣的衣服一样，必须一粒一粒重新系。父母只能一边认真观察孩子的状况，一边耐心地改变与孩子之间的僵硬关系。

当然，很多父母会说："让我主动来改变与孩子的关系，不可能！"

如果亲子关系已经达到如此僵化的地步，着实有些严峻。那么，不妨听一下这个建议：试着回到与孩子相处的原点。

你可以认真地重新看一遍孩子婴幼儿时期的照片和视频。当你再次找回那种"孩子顺利出生比什么都好"的喜悦感时，对现在的他的认识或许会有所转变。

孩子在转瞬之间悄然长大，也会在转瞬之间独立成人，离开你的身边。如果说人这一辈子能活80岁的话，那么这其中你能和孩子共同度过的时光最多不过20年，仅占你生命的1/4。

亲子教育小贴士

与其焦躁冒进，不如好好珍惜和孩子在一起的幸福时光。

培养孩子的竞争力

05

任何环境都能造就出强劲大脑

我希望父母能够培养出无论遇到多大困难都能够敢于面对，能够客观看待自己、为内心创造一份安宁的孩子……

目前，世界上正在大力推进脑神经科学的研究。随着科学技术的不断进步，人类已经掌握了大脑的功能分区，对环境与学习给大脑带来的变化等方面的研究也都有所突破。

现如今，这些科学研究成果被广泛应用到家庭和学校教育中。

麹町中学得益于Dancing Einstein公司代表、脑科学家青砥瑞人先生的研究成果，将脑神经科学融入教学中。

目前，学校也正在开展与孩子们的学习相适应的环境与方法的研究。

在这个研究过程中，我也学到了一些东西：**据说当人的心理处于稳定状态时，控制大脑思考、注意力以及感情的分区将会有条不紊地运行，人们也能够及时地对输入信息做出相应的反应行为；反之，如果人的心理处于不稳定的状态，人们很难及时根据输入信息做出相应的反应行为，并且还会变得越来越控制不了自己。**

例如，一个个性鲜明但不够沉稳的孩子如果被斥责，他平稳的心理状态将会被打破，变得越来越控制不了自己。

对于这样的孩子，越是斥责，他的心理状态就会受到越大的波动，从而形成一个恶性循环。

虽说如此，也希望大家不要误会我的意思，不能说因为这样，父母就必须为孩子构建一个“百分百安全和谐的生活环境”。

无论父母再怎么想让孩子的内心沉着稳定，等到孩子步入社会之后难免还是会遭遇挫折。因此，他们需要的是能够独自跨越困境的能力。

在这里我们需要注意：**人可以通过自身的努力，创造出一颗为内心带来足够安全感的大脑。而开启这扇门的关键钥匙就是“后设认知能力”。**

“后设认知能力”，简单来说就是一种俯视和客观看待自己的能力，也可以说是一种能够认知自己行为方式和思考方式的能力。

如果你拥有可以俯视自己内心状态的能力，那么你就能够预测到自己的情感波动。而如果你还能将自己预测的情感波动用语言表述出来，**你就会变得能够控制自己。**

例如，现在有这样一个人：他在人群中会感到孤独，心里会焦躁不安，而且当看到熙熙攘攘的人群时还会紧张，那么此时他的心理状态绝对算不上是平稳的。

这个时候，假如他不能客观地看待自己，就理解不了自己为何会产生焦躁不安、紧张的情绪，更别提采取什么应对方法了。

他之所以会焦虑、紧张，可能是因为曾在人群中有过不好的经历。当他再次走入人群时，就会无意识地想起自己曾被人轻视、声音被其他人掩盖等抑郁却又无从发泄的经历，进而引发一系列的不安情绪。

这种“无意识”，很大程度上左右着人们的行为。

一方面，人们在某种环境下或者经历相似的场景时就会联想到以前发生的事情。因此，可以说人的情感和行为是早就决定好了的。

另一方面，能够客观看待自己、俯视自己内心并能够用语言表达出来的人会想到，“从我过去的经历来看，我不太擅长应对人多的场合”。因此，他能够正确预测出自己接下来的情绪，会想到“如果去那种地方我会感到紧张”“我的心情大概会变得很糟”等。

接下来他就会思考：“为了让自己的情绪安定一点，我该怎么做才好呢？”即便这样思考出的想法只有一两个能够使人成功应对消极的状况，至少也不至于让自己当场惊慌失措。

如果将以上这几个步骤不断地重复进行，并渐渐融入我们的日常生活中去，那么今后无论面对多么消极的状况，都能够为自己的内心创造一份安宁。

许多人认为，不断挑战自己的动力源于精力和努力，但我认为并非如此。

我认为要想不断地挑战自己，必须具备的能力是：客观地看待自己的负面情绪和行为，并用语言表达出来。

另外，我们应该考虑如何将自己的消极方面变得积极，并将它融入自己的日常生活中。

将消极的“无意识”变为积极的“无意识”，这样的做法我认为远比提倡“精力”和“努力”等要务实且有益。

我希望父母都能够培养出无论遇到多大困难都能够敢于面对，能够客观看待自己、为内心创造一份安宁的孩子。

亲子教育小贴士

能够客观看待自己的孩子，才能够坚强地生存下去。

06

父母要懂得释怀

父母必须时刻认识到自己给出的建议和走过的路并非完全正确，这一点在孩子们的成长过程中十分重要……

由于工作原因，我常常会被别人问道："在育儿的过程中，您最重视什么？"

如果我的回答辜负了您的期望，那么对此我将深感抱歉。可以说作为一位父亲，我几乎不看重任何东西。

我这样说的原因，很大一部分是因为在家里我会放下教师这一角色，在家人面前做自己。

特别是我和大儿子的关系，与其说我们是父子，不如说我们是好友，我俩一同创造出了无数精彩的回忆。

我们曾在一起洗澡时许下约定，要一起保护妈妈；我们一起去动物园游玩；一起用家庭照相机试着拍摄特效视频；一起期待着比哥哥小4岁的弟弟的出生；等等。

身为父亲，却没有身为人父的言行举止，我想这都要归功于我的大儿子。

有时我还会故意让孩子们看见我天真、滑稽的样子。

记得以前每当打开电视观看志村健的吃西瓜比赛节目时，一家人总会模仿着比赛吃西瓜，把西瓜汁弄得到处都是。

这样的游戏虽然会把西瓜汁弄得满脸都是，桌子甚至床褥也不可幸免，但这都不重要。

我认为，对于孩子们而言，最珍贵的时光莫过于每天都能和家人在欢声笑语中度过。

父母不要严肃地与孩子交谈，要多向孩子展示天真的一面。**这样做会使孩子们安心，也会让他们信赖父母。**

如果问我为什么这样做的话，可以说就是为了营造一种心平气和、和谐融洽的家庭氛围吧。

另外，我认为可以告诉孩子自己是位容易释怀的家长，这样即使孩子遇到烦恼也会知道要坦然去面对。

人们容易陷入“必须这样”的思维圈套中。孩子在他的成长过程中也会意识到这一点。

于是，每当遇到烦恼的时候，孩子们就会想“爸爸都那么容易满足了，或许我也不用想太多”。这样也许可以减轻他们在成长过程中内心的压力。

在孩子的世界里，总是会出现一个又一个的烦恼。**在这种关键时刻，引领孩子们从固有的价值观中走出来，开阔他们的视野，可以说是为人父母的责任与义务。**

例如，正处于青春期的孩子往往会对自己的一言一行表现得太过敏感，再加上如果有发育障碍的话，很多时候他们会怀疑自己是不是一个没用的人。

我曾和一个有发育障碍的孩子聊过天，我注意到这样一件事。孩子的父母说他家孩子有语言沟通障碍，但是，他与我的对话却很流畅。

“你是不是觉得自己没有沟通能力呢？没有的事，你这不是能和我说这么多话嘛。你只是很难与同年级的孩子交流吧？现在是个特殊时期，学校里有许多与你年龄相近的孩子每天都和你在一起学习，可能你感觉到有点压抑，但再过几年这样的生活就结束了。当你进入大学时，你会发现自己和同龄孩子之间的距离一下子就被拉远了。再等到你步入社会开始工作的时候，周围几乎都是不同年龄段的人。所以，一切都不用太在意。”

孩子听完我的话，很吃惊。

大部分情况下，被认为有语言沟通障碍的孩子不擅长与年龄相仿的孩子交流。父母要多多和他们交流，开导他们。

就像刚才我所说的那样，随着年龄的增长，这种导致问题出现的环境会逐渐离我们而去。

有些父母因为太过担心自己的孩子，为了不让自己的孩子受到伤害，他们会在许多场合向对方说明自己孩子的情况："我家孩子沟通能力较差。"

但是，如果这样做，孩子就会不断地受这句话的影响，会愈发认为自己是一个沟通能力差的孩子。

孩子，会在意那些父母在意的事情。

因此，父母不要过度强调这些事情，如果可以的话，不妨多说一些可以开阔孩子视野的话吧。

我也给我的孩子们提过多次建议，但是最后，我一定会加上："我也不知道这个方法是否正确，你可以自己去探索。"

以怎样的方式生存于世，需要孩子们自己作出选择。

父母必须时刻认识到自己给出的建议和走过的路并非完全正确，这一点在孩子的成长过程中十分重要。

亲子教育小贴士

父母走过的路，并非完全正确。父母要懂得释怀，让孩子自己作出选择。

07

亲密的亲子关系未必幸福

父母要教育孩子不要一味地遵循父母和老师的话，要常思考“为什么要做这件事”“还有没有什么更高效的方法”……

在大家的心目中，理想的亲子关系应该是什么样的呢？

尽管我个人认为答案因人而异，应该由各位读者自由发挥，但事实上，很多人都希望培养出愿意和父母畅所欲言，并且会乖乖听话的孩子。

就像我之前说的那样，父母要懂得释怀。

“自律是今后孩子们必备的素质”，当听到这样的论断后，很多家长纷纷开始尝试帮助孩子学会自律，但却无意间过度干涉了孩子的生活。（最终只会让孩子越来越远离自律……）

我深刻体会到，父母是无法真正打开孩子自律的“开关”的。我们可以创造一个能让孩子自律的家庭环境，但是很多情况下不能实现培养孩子自律的目的。

就拿我家来说，在我的印象中，我的小儿子在上中学之前，成绩都要比大儿子差一些。我有些担心，所以试着问他需不需要我的辅导，不过当场就被果断拒绝了（笑）。

我想大概是这孩子没有把心放在学习上，要是他能找到自己感兴趣的东西就好了。于是我便决定自此不再向他提及成绩的事，只在一旁静静地关注着。

直到突然有一天，他自律的“开关”终于被打开。

小儿子有一个非常要好的朋友，有一次他朋友获得了高尔夫比赛冠军。当小儿子得知他朋友一直以职业选手为目标，毫不松懈地拼命练习时，他开始感到羞愧。

在这之后，小儿子就开始变得努力学习。

平时在家里，我并没有刻意和孩子们进行过多的交流，讨论烦心事的次数更是屈指可数。

两个儿子有了自己的生活之后，会定期回老家看望我们。对此，我也不是很乐意（笑），因为平时我工作繁忙，极少能和妻子过二人世界。

有的父母说：“我家的孩子什么都不愿意和我说。”我想对拥有这样烦恼的父母们说：“不用太过在意，要懂得释怀。”

不是很亲密的亲子关系，也并没有什么不好。

当然并不是说亲密的亲子关系不好，我只是认为这与育儿的关系不大。

相反，如果出现“无论我们说什么孩子们都会乖乖听话”这样的状况，或许父母们反倒要产生危机感吧。

孩子们需要的是：培养“质疑理所当然”的思维。

父母要教育孩子不要一味地遵从父母和老师的话，要常思考“为什么要做这件事”“还有没有什么更高效的方法”。

如果父母将“听话”作为教育孩子的最终目的，那么孩子最终将会失去独立思考的能力。

当然，我也不赞同钻牛角尖。对孩子而言，最重要的是拥有能洞穿事物本质的广阔视野。

亲子教育小贴士

孩子越是听父母的话，父母越要有危机感。

08

孩子的问题源于父母的轻率

父母们出于好心的话语，却可能会给孩子造成问题。这一现象在家庭中尤为突出……

刚进小学的时候，有些孩子坐不住，有些孩子不认真听课。这些表现被学校和家长当作问题来对待，且受到了社会的广泛关注。

这些表现也被称为“小一问题”。虽说乍一听好像是小孩子的问题，其实，只是成年人单方面把这些表现定义为“问题”而已。

我认为，一方面，“小一问题”是日本文部科学省[1]为了帮助不知该如何教育小学一年级新生的学校而创造出的新词；另一方面，为了确保教育经费和生源，提出“小一问题”这一定义可能也有一定的必要性。

但是，我感觉“小一问题”被正式提出之后，确实有很多人因此而感到痛苦和烦忧。

比如，小学一年级的老师为班上坐不住的孩子绞尽脑汁，在培养孩子们坐得住这一方面有着很大的压力。甚至是幼儿园和托儿所的老师，也面临着同样的压力：必须在孩子们升入小学前培养他们坐得住的习惯。

---

①相当于中国的教育部。——译者注

当然，那些坐不住的孩子也会意识到自己是个问题孩子，想必他们也很痛苦。

相较之下，国外的情形就大不一样了。老师以孩子肯定会坐不住作为前提，提前准备好各式各样的椅子，供他们挑选。不过，回过头来说，假如孩子们觉得课程有意思的话，他们是不是就坐得住了？

似乎大多数人都把问题归咎于孩子。

看待“不登校”[①]这个词也一样，如果大人们意识到，去上学并不是理所当然、上学不过是成长的一种方式的话（或者意识到“在家教育”也同样可以），便不会出现“不登校”这样的概念。

父母们那些出于好心的话语，却可能会给孩子造成问题。这一现象在家庭中尤为突出。

---

①日本文部科学省将学生因生病或经济以外的原因而一年缺勤达30天以上的现象定义为“不登校”。——译者注

问题是怎样产生的呢？让我们一起来看下面这个例子：

接下来介绍的案例出自前文提到的由书之森出版社出版，森俊夫和黑泽幸子编著的《森俊夫和黑泽幸子的短程治疗法》一书。为了说明问题的产生缘由，案例中可能会有一些夸张的表述。

场景为一位母亲和女儿正在共进晚餐。

这位母亲拥有很强的观察力，她发现平时吃饭时每分钟会咀嚼120次的女儿，今天只咀嚼了90次。于是母亲就问："哎呀，怎么啦，是没有食欲吗？还是身体不太舒服啊？你今天的脸色不太好啊。"听了这些话的女儿开始陷入沉思："我今天好像真的没有什么食欲。"

于是母亲又连忙追问："是在学校里被说了什么吗？"听到母亲的追问，女儿回想起当天的事情，说道："今天同桌A说了一些让我很在意的话，而且，我也没能回答好老师提的问题，还被老师挖苦了一番。"

之后，母亲仍继续寻找着女儿嚼饭次数变少的原因。“啊，对了！还有一星期你就要期末考试了吧？是因为对这次考试没有信心吗？你今年已经初三了，中考也快要临近了，如果一直持续现在这个状态的话，等到考试的时候可就……不过，还是不要太焦虑的好，晚饭什么的不想吃的话也不必为难自己。身体状况不好的时候，全部吐出来就会好很多的。”听母亲这样说后，女儿开始变得越来越不安。

“或许是这样吧……快中考了我该怎么办啊？可能一下子吐出来真的会好很多吧。”女儿这样说着。一旁的母亲回答：“是的。”于是女儿就跑进厕所把吃的所有东西都吐了出来。

母亲能够细心地观察到女儿比平时吃得少，这本身是没问题的，可是不断将原因归于“没有食欲”“考试压力大”，这只会让女儿更加胡思乱想，反而产生更多的问题。

虽然这个案例稍稍有些极端，但能从侧面反映出**父母有时候出于好心的话语反而会给孩子造成影响这一客观事实。**

我想，大家在日常生活中也会因为担心孩子的状况，从而对孩子说一些安慰的话语吧。

“备考一定很辛苦吧？”“你一定累了吧？”……

孩子们疲惫的时候，父母会对他们说一些安慰和鼓励的话，这一点我完全能理解。可是殊不知，这样的话语有时候可能会给他们带来困惑。

父母安慰的话语，会加深孩子心中备考辛苦的想法，让原本不觉得累的孩子产生“我可能确实累了”这样的消极念头，从而改变孩子们的想法。

如果大家仍然认为是孩子的问题的话，或许有必要拓展一下视野，寻找一下其他原因。

亲子教育小贴士

对于孩子们觉得无关痛痒的事情，不必特地强调。

培养孩子的竞争力

09 保持沉默，有时会更好

父母都有“必须要做好父母”的执念，因此当自己的孩子摔倒时，他们反应往往过于强烈——立即冲上前去，一边扶起孩子，一边安慰孩子：“没事吧？”“摔疼了吧？”……

孩子的问题通常是由大人们制造出来的，关于这一点我在前文中已经有过介绍。

我对此深有感触。为了不给孩子带来负面影响，我时刻注意自己的言行举止。

最终我认识到，很多时候，父母与其对孩子的一举一动反应敏感，不如保持沉默。

我在教育自己孩子时曾立过一个假设，并为此进行了一些实验。

假设的内容是这样的：当孩子摔倒的时候，如果父母慌忙跑上前去扶起孩子的话，会使孩子哭得更凶；如果父母给孩子一个微笑的话，孩子反而会很淡定。

因此，我决定当孩子摔倒时不上前搀扶，而是选择微笑地看着他。

事实证明孩子们也当作什么事都没有发生，不会哭泣，会淡定地自己爬起来。

在我的两个儿子心中，认为摔倒似乎并不是什么大不了的事。之后孩子摔倒了，我和妻子也不会显得太过紧张，会面带微笑地在一旁看着孩子自己站起来。

我不知道这是否算是验证了上面提出的假设，当然也有可能是因为我的两个孩子本身就是这种性格。这两兄弟从小到大都很少哭。

父母都有“必须要做好父母”的执念，因此当自己的孩子摔倒时，他们往往反应过于强烈——立即冲上前去，一边扶起孩子，一边安慰孩子：“没事吧？”“摔疼了吧？”

我认为正是因为父母这样的过度反应，才使得孩子们变得更爱哭，心情也变得更加低落。

不论你想表达什么，一定要牢记：父母的一句无心之言，可能会给孩子带来深刻的影响。

“他那孩子不行”，你是否曾经这样评价过孩子的朋友或者周围邻居家的孩子？

这句话看似与自己的孩子没有关系，但实际上从这句话中，你的孩子会得到两个信息：

第一个信息：他不能像他们一样失败。

第二个信息：不用尊重那个孩子也可以，甚至忽略他也可以。

第一个信息会将孩子变成前文所述那样，不敢去挑战任何事物；第二个信息则很有可能会成为产生校园欺凌的诱因。

其实，作为父母，无论我们平时再怎么注意自己的言行，都无法完全避免此类问题。

但是，我们必须要提前意识到，自己的一言一行都会对孩子价值观的形成产生深刻的影响。

亲子教育小贴士

父母的无心之言，可能会给孩子带来深刻的影响。

10

为人父母，绝不能否定社会

校园生活，是孩子们走向社会的适应阶段。

为了能让孩子们独立思考、沉着判断、务实笃行，需要教师在学校里充分给予孩子们锻炼的机会……

自2018年起，麹町中学宣布正式废除固定班主任制度，改为实施班级不由某一位教师固定担任班主任，而由全体教师共同管理学生的“全员班主任制”。

这项制度的首要目的是，将擅长各个领域的教师充分利用起来，形成像“团队医疗”那样的专门体系来管理学生。

通过这样的制度，能够选出高效应对各种情况的教师。如擅长学生心理健康辅导的教师，擅长与学生家长沟通的教师，擅长授课的教师，等等。

同时，这项制度还有另外一个优点：在过去的固定班主任制度下，每当学生在学习上或者生活上遇到困难时，学生和家长甚至是教师往往将原因归结到班主任身上。但如果是“全员班主任制”的话，就不会将原因归结于某一位教师。自然而然，就不会有“成功与失败”以及“赢家与输家”等想法。

校园生活，是孩子们走向社会的适应阶段。

为了能让孩子们独立思考、沉着判断、务实笃行，需要教师在学校里充分给予孩子们锻炼自己的机会。

如果孩子一遇到困难，父母就去责备老师，或是将责任推卸给学校的话，孩子也会变得爱推卸责任。

我们通过实行“全员班主任制”，让孩子们能够更加主动地判断出“该和哪位老师商量解决问题”。

这一点在家庭中同样也至关重要。

大家以前在遇到困难时，有没有对孩子讲过“都是这个社会不好”“都是这个学校不好”等抱怨的话呢?

据说，从脑科学的观点来看，人们会习惯性地否定和排除对自己不利的东西。

因此，人们心中产生出“都是某某不好”这样的想法也是理所当然的。其实，我也有过想要批评别人的时候。

但是，我尽可能地不在孩子面前说。

其实，家长在孩子面前批评别人或者将孩子在学校遇到的问题归咎于班主任也反映了同样的道理。家长经常这样做的话，会渐渐养成孩子也把事情的责任归咎于别人的恶习。

如果父母经常怪罪别人，那么，当孩子遇到问题时，也会怪到父母的头上，尤其会将矛头指向把爱全部倾注在自己身上的母亲身上。这是我在和孩子们的交往过程中总结出来的。

因此，当父母在孩子面前想要否定什么之前，请先考虑一下说出这句话的后果吧。

亲子教育小贴士

如果看到父母经常否定别人，孩子也会变得容易推卸责任。

1

真正的严厉是"信任"

对于无法与老师构建信任关系的学生来说，我认为眼下最重要的事情并不是去责备他们，而是要和他们建立起相互信任的关系……

我以前在某校任教的时候，那里的校园暴力犹如家常便饭，十分常见。我也曾收到一些来自附近学校的投诉，说我校学生殴打他们学校的学生。

于是我叫来了几个有嫌疑的学生，并询问了他们相关情况：‘某某中学投诉我们学校的学生殴打了他们学校的学生，有这回事吗？”

我的朋友当时是该校的年级主任，他也在场。（虽然我知道对年长七岁的前辈以朋友相称很失礼，不过自始至终我一直把这位前辈当作我的朋友。）

当我们问起这件事时，这几个学生立刻摇头并否定道：“我们没有做这样的事。”之后无论问多少次，他们都回答“没有做过”。最终我们选择相信学生，动身去对方学校探个究竟。

调查的最终结果是，我们的学生确实殴打了对方学校的学生。

在我们和对方学校的老师交涉后，才摸清了事情的来龙去脉。得知真相的我们深受打击，在向对方真诚地赔礼道歉之后离开了那里。

“绝对不原谅那群家伙。”

尽管我十分理解朋友的心情，但还是和他说道：“他们从小学开始就时常受到老师和家长的责备，一直活在别人的不信任中，想和这样的学生瞬间建立起信任关系绝非易事，需要投入大量的时间。我想他们撒谎也是害怕被责备，可能对他们来说撒谎是最好的办法。”

撒谎、殴打别的孩子，这并不是一件值得表扬的事情。但是，即使我们对他们加以责备，他们也丝毫不会有所改变。

虽然有时很有必要对孩子们的不当行为进行指正，但斥责并不能够轻而易举地让他们有所改变。

我虽然听说过一些指责或训斥之类的话语，但并不认为那是正确的教育方式。严苛以待的真正目的，难道不是让孩子产生希望被人信任的想法吗？

被信任，是一件令人愉悦的事情。正因为人们懂得这份愉悦，所以才会害怕失去信任。

对于无法与老师构建信任关系的学生来说，我认为眼下最重要的事情并不是去责备他们，而是要和他们建立起相互信任的关系。

这一点在培养良好的亲子关系的过程中也同样适用。

孩子能够产生“希望得到那个人的信任”的想法，是非常重要的。

无论是多么小的孩子，都不想让信任他的人失望吧。

有时我会和学生们就“信任”这一话题进行类似以下内容的讨论：

“以前有个学生问我：‘工藤老师不相信我们吗？’你们猜一下当时我回答了什么？有三个选项：一是‘当然相信你们了’。二是‘怎么可能相信’！三是‘不要问我这种问题’。”

待学生们思考片刻后，我开口说道：“答案是……我全都有说过！顺带说一下，‘当然相信你们了’的回答我几乎没怎么说过，反而‘怎么可能相信’的回答我倒是说过很多次。”

这样回答之后，学生们都震惊地看着我，激烈地讨论着。

因为像“你相信我吗”“当然”这样的对白，常常会在电视剧或电影中出现（像这样的对白通常容易被刻画成很美的一幕），所以学生们可能会对我也抱有同样的期待吧。

随后，我继续说道：“信任，就算是在成人的世界中也是需要花费大量的时间一点一点建立起来的。而且最终建立起来的信任，有时候也会瞬间消失。因此，像‘怎么可能相信’这样的回答往往会更多一些。”

“我也经常用‘不要问我这种问题’来回答对方。‘你不相信我吗’和‘请相信我’其实都需要一定的思想准备。如果没有‘无论发生什么，我都会自己想办法解决’这样的思想准备，是无法说出这句话的。如果没有那样的觉悟，千万不能轻易说这种话。”

父母在电视剧和电影中受到触动，不知不觉地就会对自己的孩子说出“我们相信你哦”。但是，“信任”并不是简简单单花一两天的时间就能够轻松建立起来的。

希望父母也能将这些道理毫不隐瞒地告诉自己的孩子。

亲子教育小贴士

比起训斥孩子，不如努力建立起相互信任的关系吧！

12

只有不轻松的经历，才能培养出“宽松”的内心

在当今这个高速发展的时代，孩子们想要在社会中顽强地生存下去，必须有坚强的意志力……

1980年以后，减少学习时间、让学生们减负的《学习指导要领》多次进行了修订。2000年以来，“宽松教育”这个词语出现在日本的各大媒体上。

近年来，“宽松教育”取代了1970年以前的“填鸭式”教育，是一种追求宽松的教育模式。

当时我不明白所谓的“宽松”指的究竟是什么，因此我持有一些怀疑的态度。

如今我认为，“宽松”并不是重视物理层面的“时间上的宽松”和“工作量上的宽松”，而应该重视精神层面的“内心的宽松”。

我经常听到“近年的中学生太忙了”这样的声音，在我看来，身体层面的宽松和精神层面的宽松并没有太大的关联。

例如，有些学生尽管忙碌于种种社团活动、课外学习以及学生会活动，但却乐在其中；也有一些学生连力所能及的事情都不去做，却遭受着精神上的压力。

可以说，这不仅是学生中独有的现象，成年人也是如此。既有每天辛勤工作、活力四射的人，也有连小事都无法做好的人。

这些差别正是对人们有无一颗“感受宽松的内心”的最好证明。

这种“感受宽松的内心”可能在紧张的经历中产生。因为，人们或多或少需要在经受过严峻的考验之后，才能够变得珍惜和规划好人生有限的时光。

当然，并不是所有的孩子都能够独自跨越严峻的考验。有中途放弃的孩子，也有最终因失败而抱有挫折感和自卑感的孩子。

父母会为了避免自己的孩子出现此类艰难的人生经历，往往选择主动带领孩子化解难关。但是，我想说的是，**人必须要在经受过挫折与失败之后才能获得跨越性成长。**

大家是否听过以下说法？

只经历成功的孩子，容易被打倒。

不断摔倒的孩子，骨骼不断增强。

我们知道，人的骨骼只有不断承受更重的压力才能越发结实。空手道家可以用小腿一举击碎啤酒瓶，正是归功于他们长期的锻炼。

身体与心灵，本身就是越挫才会越勇（话虽如此，故意伤害当然是不行的），因此，父母不要害怕孩子失败。

当孩子体会到挫败感时，父母保持淡然的态度也同样重要。

“从失败中不是能学到更多东西吗？”你需要这样开拓他的眼界，当孩子感到沮丧、精疲力竭的时候，你只需要静静地陪在他的身边。

通过这样的方式来帮助孩子，会让他们学会吸取失败的经验，最终一举渡过难关。

在当今这个高速发展的时代，孩子们想在社会中顽强地生存下去，必须有坚强的意志力。

在这里，我由衷地祝愿所有的父母都能够培养出拥有一颗宽松内心的孩子。

亲子教育小贴士

失败，是使孩子变得坚强的源泉。

13 第一名并不值得表扬

父母时刻关注孩子努力的过程，让孩子知道自己在哪一方面做得好，这样的做法是非常重要的……

人们常常会谈论两种相对立的育儿方式，比如“表扬式育儿vs批评式育儿”。**其实，“表扬”也好，“批评”也罢，都是父母向孩子传达的重要信息。**

但是仔细想想，无论是哪种方式，都很难实施。

初为父母时，有时想着必须表扬孩子，便立即去表扬。但有时也会因为某些特别的想法而去批评孩子，比如有些父母会想“在周围人面前必须显得严厉一点”，等等。

“我不断在表扬自己的孩子”，有的父母觉得需要这样做，于是尽可能地去表扬孩子。但是，有时“表扬”这一行为却可能给孩子带来与预期相反的影响，希望父母能够注意表扬孩子的方式。

现在，请大家试着回忆一下自己表扬孩子的场景：自己什么时候，因为什么事情表扬孩子了呢？

例如：“听说你在这次考试中拿了第一名啊？好厉害！”“你们能战胜某某小学的足球队，真不赖啊！”等。

其实，这些可能是不太好的表扬。因为，取得班级第一名和战胜他校足球队这两件事，只不过是相对“结果”而已。

任何领域中的第一名，都是通过战胜竞争对手取得的。但如果重新换掉竞争对手的话，取得的名次或许会随之改变。

如果只是通过参照结果就不停地表扬孩子，会让孩子意识到“相对”这一概念，孩子可能会变得越来越重视与他人的比较。

如此发展下去，将来孩子一旦在比赛中失利，得不到好的结果时，**他可能会一个劲地叹息“个人能力不足”，最终会导致放弃练习。更有甚者可能在胜负未分之前就会选择放弃。**

表扬孩子时，父母最需要关注的是过程而非结果。

让我们的话题回到上文考试中取得第一名的孩子身上。当然，取得第一名非常棒，这一点毋庸置疑，但是在这里还请家长先不要去过分地关注“第一名”这个结果，让我们试着由关注“结果”到关注“过程”，对孩子说：“真棒啊！你是怎么做到的呀？”

孩子可能会回答，“我针对不会的地方做了集中复习哦”，“考试前心里想着绝对要拿满分，就非常仔细地检查啦”。如此，父母就可以通过孩子的回答，看到他们真正付出的努力。

父母时刻关注孩子努力的过程，让孩子知道自己在哪一方面做得好，这样的做法是非常重要的。

久而久之，相信孩子们也会渐渐地注意到自己做事情的过程。

这样教育出来的孩子，无论将来遇到多大的困难，都会想着“这次不成功没关系，下次我该怎么做才会圆满完成呢”，最终都能做到沉着应对。

这样教育出来的孩子，**将来肯定可以成为孜孜不倦、努力钻研的孩子。**

亲子教育小贴士

经常被父母表扬“过程”的孩子，今后遇到困难时，将会从容面对。

14

不要什么都斥责

如果一个孩子无论做什么都会受到斥责，他将会变得迷茫，不知道究竟什么才是最重要的。因此，如果父母想通过斥责来教育孩子，效果可能会事倍功半……

关于“斥责”，大家是怎样看待的呢？

“斥责”是为了在孩子做错事情的时候，告诉他们“必须马上停止”。

如果我们试着从孩子的立场来分析的话，你会发现他们比起思考“如何停止错误的行为”，更倾向去考虑“如何逃离父母的斥责”。

如果一个孩子无论做什么都会受到斥责，他将会变得迷茫，不知道究竟什么才是最重要的。因此，如果父母想通过斥责来教育孩子，效果可能会事倍功半。

注意一定不要一个劲地斥责孩子，对此，父母要把握好度。

以麹町中学为例，目前麹町中学取消了所有对学生服装方面的要求。

尽管人们常说“服装不统一，心也不统一”，但其实这种说法毫无理论依据。

服装、发型根据国家和文化不同而不同，头发无论是染成棕色，还是烫成波浪卷，都不是什么大问题。

我们不会因为以上这些小事而去训斥学生，但是关乎性命和人权的问题，绝对会严加管教。

斥责有优先顺序。

这一点在家庭教育中也同样适用。我认为如果斥责的优先程度较低的话，就没有必要过度开口批评。

那么，到底什么事情需要优先斥责呢？这也视各个家庭的情况而异。

当孩子们将自己的衣服弄得满是泥巴时，有因此大发雷霆、严厉斥责的家庭，也有以此为乐、开怀大笑的家庭。我家就属于后者，即便孩子们把衣服弄得再脏，我和妻子也从没有训斥过他们。

以上这两种教育方法并没有对错之分，**往往父母在意的事情，通常能够影响家庭的教育观念。**

这与我们之前介绍过的“孩子的问题源于父母的轻率”这一道理，其实是一致的。

另外，如果父母一边斥责孩子，一边却帮助孩子的话，那么一开始就没有必要斥责孩子。

例如，一位妈妈讨厌孩子将换下来的衣服四处乱丢。如果这位妈妈希望孩子今后成为不乱丢衣服、勤加整理的孩子，她就需要和孩子定下约定，坚决无视随处可见的脏衣服，直到孩子自己收拾整齐。

如果孩子无法立即做到自己收拾，我们可以尝试对收拾这一行为加以赞扬。倘若无论妈妈如何再三强调，孩子都不记得收拾的话，我们不妨建议孩子自己想出记得收拾的办法。

如果最终还是妈妈帮孩子收拾衣服的话，那么这个孩子将会变得不愿意主动去收拾衣服。因此，父母没有必要因为这些事情天天斥责孩子。相反，在训斥孩子之前，妈妈自己整理好衣服不是更好吗？

总之，父母没有必要因为小事而破坏原本融洽的家庭氛围。

亲子教育小贴士

父母要根据具体情况来决定是否需要斥责孩子。

15

斥责孩子时，好好想想“孩子的标准”

如果父母已经事先在心中制定好了一些标准，比如“哪些可以原谅”“哪些不可以原谅”等，并以超出标准为由呵斥孩子的话，必定对孩子的未来产生不好的影响……

请允许我再向大家详细介绍一些有关使用“斥责”的标准。

在之前的章节中，已经向大家介绍过**“父母不要一个劲地斥责孩子，一定要把握好度”**。

父母斥责孩子时，不要按照“父母的标准”来对待孩子，这一点非常重要。

如果父母已经事先在心中制定好了一些标准，比如“哪些可以原谅”“哪些不可以原谅”等，并以超出标准为由呵斥孩子的话，必定对孩子的未来产生不好的影响。

假设现在有这样一个家庭，家中有哥哥和弟弟两个孩子。这种情况下我们以“父母的标准”来选择斥责与否，显然不太合理。因为兄弟二人在能力上存在差异，在很多方面可能会出现“一个行，另一个不行”的情况。如果其中一个孩子能力较弱，他将会被父母斥责得更多。

另外，拥有显著个性特征的孩子往往会在控制情绪方面弱于其他孩子，倘若父母仍然用自己的标准来评判孩子，那么这类孩子也将会不断地受到父母的斥责。

这样一来，父母也会无意间变得越来越情绪化，最终变成一个被情绪牵着鼻子走的人。

我希望父母在斥责孩子之前，能稍微冷静一下，从孩子的标准出发，找出更好的表达方式。

所谓严厉的斥责，绝不是情绪化的大声训斥，也不是恶狠狠的蓄意威胁，更不是暴力化的随意体罚。

日本的孩子在没能完成任务时，父母往往会说“只要努力就一定能做到”。这是在向孩子传递一种信息：“因为努力就一定能做到，所以你还需要加油！”

就像我之前说明的那样，一旦一个人的心理状态不稳定，就会变得无法控制自己的情绪。孩子受斥责导致情绪不稳，又会因情绪差做不好事情而被父母斥责，如此而陷入恶性循环中。

如果父母想要孩子成长，请多鼓励他们，不要过多斥责。同时，可以用这样的口吻带给孩子安全感：“这件事没做好不是很正常吗？但还是对此耿耿于怀的话，下次就必须下足了功夫努力才行！你认为接下来该怎么做才好呢？”

每个人都是不同的个体，即便是在同一屋檐下长大的兄弟两人，性格也会截然不同。

我希望父母不要把自己的孩子同别的孩子进行比较，同时能够努力地去接受孩子最真实的一面，进而去思考如何支持和帮助孩子。

亲子教育小贴士

接受了孩子最真实的一面之后，再去思考解决对策。

16

用言语或态度向孩子传递心声

我们在斥责孩子的时候也要尽可能地简短，点到为止。妻子或我斥责完孩子之后，会默默地将孩子抱在怀里……

没有一个孩子天生喜欢被训斥。

父母训斥的言语会一直萦绕在孩子的脑海中，挥之不去。

不断受到训斥的孩子，心中会认为自己是坏孩子，是永远被讨厌的孩子。并且，受到训斥的孩子往往会对受训斥这件事难以释怀，其中就有一些孩子始终战战兢兢地焦虑“该怎么面对父母才好呢”。

所以，父母应该尽快对孩子表明自己已经不再生气，好让孩子安心下来，这一点十分关键。

我和妻子在家中斥责孩子之后，也会特意去关注他们。

孩子们小的时候，每当妻子或我斥责他们时，没有斥责的一方会走开。

此外，我们在斥责孩子的时候也尽可能地简短，点到为止。妻子或我斥责完孩子之后，会默默地将孩子抱在怀里。

之所以这样做，是因为想用自己的行动和态度传递给孩子一种心声，即**“无论爸爸妈妈再怎么斥责你，也不会讨厌你的”**。

学校里也是一样，老师在斥责完学生之后，也一定要及时关注他们。

我在学校经常用这种方法：

假如因为某事斥责了某学生，时间是上午的话就在下午上课前，下午的话就在第二天早上上课前，我会提前到教室备课。

等到被斥责的孩子进班级时，我会停止手头的工作，抬起头看着他打声招呼。如果是早上的话我会说声“早上好”，如果是下午的话我会说声“下午好”。

接下来跟往常一样就好。我不会重提那件事情，也不会特意对他表示关心或解释，只要能和他谈上零零散散、无关紧要的话就可以了。

如果学生的态度比较僵硬的话，我认为这时还需要用别的言语或态度告诉他：“这件事情就到此为止吧！”

一定要用言语或态度向孩子传递心声，“我绝不是因为讨厌你才批评你的哦”，这一点十分重要。

脑科学研究告诉我们：正值青春期的孩子对大人的表情有着敏锐的洞察力。因此，我们必须向孩子们展现出“最真实的一面”。

简短的一句问候语虽不起眼，但真的很有效果。

我们学校曾经有位学生不太信任老师，于是整个年级的老师每天都和他打一次招呼，持续一周之后，这位同学发生了明显的变化，他渐渐地发现自己并不被老师们讨厌，最后和老师们建立了友好的信任关系。

事后的关注应该尽早进行，集中处理会更加有效。

亲子教育小贴士

斥责过后，明确地向孩子传递出自己的心声吧！

17

能够改变孩子的“时光机问答法”

为孩子指明方向，或是强迫孩子，我认为并没有太大意义。如果真的想让孩子在今后的道路上能够独立思考、独自决定的话，那就让他自己去选择吧……

我在常年和孩子们打交道的过程中明白了这样一件事：

当孩子们表现出一些问题行为时，父母们往往会对其采取呵斥、威胁等方法，使他们感到害怕。但很遗憾的是，这样的方法绝对无法让孩子们做出改变。

哪怕孩子们看上去好像有所改变，也不能说明他们已经做到了自律。

孩子的类型以及表现出的问题行为不同，那么有效改变孩子的方法也会不同。今天我要介绍一种本人在平日里一直使用的方法：时光机问答法。

《森俊夫和黑泽幸子的短程治疗法》一书中记述了这种方法。巧合的是，我在没有阅读这本书之前，就已经对自己的孩子使用了这种方法。

虽然这种方法使用起来较为复杂，但确实能够起到一定的作用，所以请父母们务必尝试一下。

假设一个初二的男生表现出了一些问题行为，那么我们来让这个孩子去想象一下他的未来："想象一下20岁的你会做些什么呢？”

面对这样的问题，男孩遐想过后答道：“应该是一名大学生”“应该交了女朋友”“应该在打工”，等等。

接下来的问答才是关键。

我：“那么，你认为已经成为大学生的你，还会做着像现在这样的事吗？”

学生：“当然不会。”

我：“为什么？”

学生：“因为我觉得这样做不好。”

我：“是吗？我也这么认为。**那么，大概到什么时候你会停止这种行为呢？”**

到了这里，孩子就会意识到：原来停止这样做的原因并不是因为会被斥责，**而是因为他自己意识到有必要停止这样的问题行为。**

或许这样说有些难以置信，不过，有的孩子就是从这个瞬间开始醒悟，并不再出现一系列的问题行为的。

父母自然不会容忍孩子犯罪或者做出危及生命的行为。但即便如此，最终决定停止问题行为的主动权，仍归孩子所有。

为孩子指明方向，或是强迫孩子，我认为并没有太大意义。如果真的想让孩子在今后的道路上能够独立思考、独自决定的话，那就让他自己去选择吧。

亲子教育小贴士

比起斥责孩子，父母更应该让孩子自己选择未来。

18

即使无法消除区别对待的心，也能做出非区别对待的行为

我们即使消除不了那颗区别待人的心也没关系，只要能够明白自己的哪些行为是区别对待行为，能够正常友好地对待讨厌的人，就能够和他们维持很好的交往……

我家孩子在上幼儿园时，曾一度因为“自己有讨厌的人”而苦恼。在他看来，最喜欢的妈妈能够和所有人好好相处，而自己却没能像妈妈一样。想必他的心里一定很难受吧。

再加上，幼儿园里的老师也始终强调“要跟同学好好相处”，使得孩子更为“自己有讨厌的人”而发愁，甚至跟我说不想去幼儿园了。

这时，我借用了五味太郎先生所著《为了健康的脑袋和聪明的身体》一书中的语句来告诉孩子：“爸爸有讨厌的人，妈妈也有讨厌的人。”

听到我这样说以后，孩子瞬间瞠目结舌，显得有些难以置信。他和我结束交谈后，便立即跑去妈妈那边确认，问最喜欢的妈妈是不是真的也有讨厌的人。

起初他还是难以置信，之后便慢慢安下心来，能够好好去幼儿园上学了。

就连这么小的孩子都有“必须变得优秀”这样的想法，实在令我震惊。

经过这件事，也让我暗下决心：作为一名教师，绝不能让学生从小就背负如此沉重的期许。同时，我也改变了与学生的交往方式，从此以后再没使用过“你必须这样”等语句。

稍加注意平时与孩子交流时的措辞，传递给孩子的信息就会改变。

例如，“必须与人好好相处”和“与人交往是门很难的学问，如果能做到与人好好相处那绝对很厉害”，两者所传递给孩子的信息是截然不同的。

另外，当我的孩子苦恼的时候，我还曾补充过这样一句话：“虽然爸爸也有讨厌的人，但是我不会因为讨厌就去刁难他。该打招呼的时候还是好好和他打招呼，绝不在他本人面前说讨厌他。”

我很想告诉他这样一个道理：将想法和行为区分开来十分重要。

人们可能无法彻底消除一颗区别对待他人的心。

我也并不是什么圣人君子，我的身边也有令我讨厌的人，也曾有过想要区别对待某个人的念头。

我们即使消除不了那颗区别待人的心也没关系，只要能够明白自己的哪些行为是区别对待行为，能够正常友好地对待讨厌的人，就能够和他们维持很好的交往。

脑科学还告诉我们，人的“无意识”产生于不断重复的同一行为。进而，我们能够知道，哪怕已经成为固定的“无意识”（或许可以称之为“心”），也会因为后期不断重复的行为而发生改变。

比起向孩子们一味灌输“好好相处”，让他们陷入烦恼之中，不如向他们传递“想法和行动可以分开”的道理。并且告诉他们，如此便可以与他人和谐相处。

亲子教育小贴士

将想法和行动区分开来，与人友好相处吧！

19

说谎也是重要的交流技巧

父母必须告诉孩子：有时候比起一个人内心想的是什么，更重要的是要看他实际上做了什么……

孩子的周围，总是不缺各种心理教育的语句，例如，“和睦相处”“万众一心”“不能说谎”，等等。

我认为有相当一部分孩子被这些话禁锢了思想。

孩子小的时候对他们进行心理教育十分重要，但是我深刻感觉到用语言进行教育是极其困难的。而且，我认为对于那些教育的内容也有必要持怀疑态度。

例如，“要有同情心”这句话。句中的“同情心”究竟指的是什么呢？指的是哪种行为呢？不得不说这实在是一个很含糊的词语。

我大概是从高中的时候开始喜欢上哲学，那会儿还经常和朋友通宵达旦地讨论哲学问题。

我曾经也对“同情”一词多有困惑。尽管按照自己一贯的理解尝试了去解释，但是越思考越发觉这是一个不能轻易使用的词。

再比如“不能说谎”这个语句，大家认为这种观念真的很靠谱吗？

想象一下，你从别人那里收到了土特产，当你并不太喜欢这个土特产的时候，你会直接向对方说出“我不喜欢这个”这样的话吗？

再比如，你受邀到别人家里吃晚饭，当食物并不符合你的口味时，你会直接跟对方说出“不好吃”这样的话吗？

这样来看的话，有时适当地说谎，反而是非常有必要的。因此，我认为，**说谎也算得上一种重要的交流技巧。**

我也不能理解“千万不要对自己说谎”这句话。

我原本就不知道“自己”是个怎样的人，不认为坦率面对自己的欲求和心灵一定是件好事。例如，当我感到辛苦或者劳累的时候，面对周围人的“你看上去有点累，没事儿吧”这样的担心，我会选择回复“放心，我没事”。这看似欺骗了自己，也欺骗了对方，但这难道不是一种很重要的社会素养吗？（当然，这并不是要大家勉强自己，我们还是应该时刻关注自己身体情况的变化。）

但是，说谎去做一些违背良心的行为是绝对不应该被赞扬的。

父母必须告诉孩子：**有时候比起一个人内心想的是什么，更重要的是要看他实际上做了什么。**

如果现在有两种人：一种是“虽然心里想着要去帮助有困难的人，但是迟迟没有践行的勇气”，另一种是“虽然可能动机不纯，却帮助了有困难的人”，那么我认为后者反倒更有价值。

另外，现在也有不少的父母喜欢把电视剧或动漫里出现的过于崇高、理想化的价值观强行灌输给孩子。可能父母认为，从这些崇高价值观里提炼出来的语句能够让孩子受益匪浅。（明明大人们自己也未必都能践行好这些价值观……）

很多孩子也会盲目听信这些语句，并深受其害。正所谓忠言逆耳利于行，我想我们有必要好好地思考，自己教授给孩子的价值观究竟会给孩子带来怎样的影响。

亲子教育小贴士

电视剧和动漫中呈现的某些价值观可能过于理想化。

20

偶尔“假装个好孩子”也没什么不好

其实，不论装好孩子也好，装坏孩子也罢，这些都是孩子在中学时期较为常见的行为。同时，孩子们这样做的理由都是为了在周围人的心目中留下深刻印象……

人们有时会特别在意别人如何看待自己的行为。

孩子在读初、高中的时候，这样的心理倾向尤为严重。对于这些平时端正自己行为举止的学生，周围的同学往往会用“假装个好孩子”这样的话语来奚落他们。

但是我一直告诉自己的学生：**“思考自己是否要假装个好孩子，这件事，本身就毫无意义。我们给别人留下美好印象，难道不是一件令人愉快的事情吗？”**

当你去搜索“假装”这个词的时候，会发现人们实际上非常在意“内心”。

这里，我再向大家介绍另一个意思完全相反的描述——假装个坏孩子。

大学期间我阅读过由岩崎书店出版，安野光雅编著的连环画《狐狸的忏悔》，我从该书的结语中知晓了这个词。

假装个好孩子与假装个坏孩子，看起来词意完全相反的两种描述，其实表达着完全相同的意思。

“假装个好孩子”是指为了在别人心中留下深刻印象而去做好事的意思。这在周围人看来不过是为了背离“真正的自己”而故弄玄虚的把戏，因此常常被人奚落。

“假装个坏孩子”是指为了不让周围人（特别是身边的朋友）认为自己是个“装个好孩子的人”而故意去做一些坏事的意思。

其实，不论装个好孩子也好，装个坏孩子也罢，这些都是孩子在中学时期较为常见的行为。同时，孩子们这样做的理由都是**为了能在周围人的心目中留下深刻印象。**

“假装个好孩子”和“假装个坏孩子”，具体行为虽有差异，但目的都是一样的。

我相信无论是谁，在成长的过程中或多或少都有过因为太在意别人的目光而畏首畏尾的经历。

但是，我们不能被这些词玩弄于股掌之间。

给人留下深刻印象，重要的是我们做出了什么样的行为。**因为人们的评价是根据长期的行为来判断的。**

“人在做，天在看”，这句话至今仍然适用。

哪怕附近没有人，也会有老天在看着你，因此，无论何时都不可以做坏事。这句话意蕴深刻，教会我们“学会自律，脚踏实地地生活”。

希望父母能够让孩子在成长过程中意识到“造物主”的存在。

亲子教育小贴士

“想要在别人心中留下深刻印象”只是一个很美好的愿望。

21

即便热衷游戏，也能找到属于自己的路

我认为父母其实可以利用好孩子玩游戏时的那份“兴趣”与“专注”……

很多家长跟我抱怨“孩子总是在玩游戏”。

如今，随着游戏行业与智能手机技术的不断发展，谁都可以随时随地玩游戏，因此与过去相比，沉迷游戏的孩子不断增多。

许多家长为了让自己的孩子不再沉迷于游戏，可能会说：“别玩了！”“你要玩到什么时候？给我注意点分寸！怎么就不能规划好自己玩游戏的时间呢？”

那么，让我们一起来看看，听到这些话的孩子们究竟会做出怎样的反应呢？

1.老实听父母的话，下定决心不再玩游戏；
2.虽然不认同父母的话，但还是不情愿地放弃玩游戏；
3.无视父母的话，继续玩游戏。

孩子们的反应无非就是以上三种选项之一。那么，孩子选择哪一项，表明他有自律的品格呢？

如果我们将自律定义为“独立思考、独立判断、独立决定、独立行动”的话，那么选项1符合独立行动，但却没有独立思考，无法体现出孩子拥有自律的品格。选项2同理。

选项3中的孩子能够独立思考、独立判断、独立决定、独立行动，但作为他们的父母估计会感到很苦恼吧。

接下来让我们把镜头聚焦到“玩游戏到底算不算件坏事”这个话题上来。

“过度集中”，也就是孩子对某一事物的注意力高度集中，导致渐渐忽视周围情况的一种倾向，这在男孩子中比较常见。

自己的孩子过度沉迷于游戏，甚至不能好好吃饭和睡觉，并且不肯回应父母的话，如果这样的状态一直持续下去的话，想必父母们会惶恐不安吧。

不过，作为一名教师，我最重视的是：**孩子们长大成人、走向社会之后，能够凭借自己的力量找到立足社会的方法。**

因此，我认为父母其实可以利用好孩子玩游戏时的那份“兴趣”与“专注”。

比如，当孩子沉迷于游戏世界的时候，试着问他："你为了通关这个游戏，花了不少工夫吧？"

听到这个问题，他会高兴地向你展示自己在游戏上下的功夫。而通过他的回答，我们可以了解他的行为模式。

这孩子是属于精于调查敌人情报的"战略家"类型，还是属于勤于练习、务实行动的"奋斗家"类型呢？

以上这两种能力是孩子日后立足社会的武器。

父母还可以问孩子："这个游戏哪里有趣呀？也教教我呗。"

"游戏的创作者是基于怎样的出发点创作了这款游戏呢？"

"你有没有什么方法让这个游戏变得更有趣呢？"

这样的问题，能够激发和培养孩子**"将想法转化为语言的能力"**。

面对"不懂游戏的爸爸妈妈"，自己该如何言简意赅地向他们介绍这款游戏呢？这需要孩子下功夫去思考钻研。

父母也可以试着陪孩子一起去游戏的线下活动现场看一看。在那里，你会惊叹竟有人煞有介事地把游戏当事业、以游戏为生，自然而然也就不会全盘否定游戏了。

顺便提一下，致力于人工智能型教材“Qubena”（丘比娜）开发的COMPASS股份有限公司的代表神野元基先生，在其代表作《人工智能时代下的育儿方法》中向我们阐述了孩子如何通过玩游戏培养出了逻辑缜密的思维以及高效的执行力。

“但这并不意味着我们可以放任孩子玩游戏。只是我们可以通过不断的对话和观察来准确把握孩子此刻正在思考着什么，这部分游戏可以锻炼他大脑的哪一部分。”

父母总会对自己未曾走过的道路心怀恐惧。我十分能理解父母看到孩子沉迷游戏时惴惴不安的心情。

其实，无论是沉迷游戏的孩子还是热衷体育运动的孩子，父母都能够很顺利地开启他们自律的“开关”，这一点请务必保持自信。

说到底，究竟玩游戏能否给孩子们带来有益的体验，还要看父母的努力程度。

如果我们能够抛却“管理孩子”这一观念的话，便能够发掘出孩子周边的利于养成他们自律能力的契机。

亲子教育小贴士

从孩子热衷的事物当中发现他们的长处吧！

22

就算挑食也没关系

如果你想让孩子不剩饭的话，就不要把孩子不爱吃的饭菜端给他；如果你担心孩子营养不均衡的话，就用孩子喜欢吃的食物来替代，以此补充孩子所需的各种营养……

提到食堂饭菜，大家有什么感受?

有人十分期待，也有人有过明明不爱吃却被强迫全部吃完的惨痛经历。我感觉如今还是有许多父母秉持“不准挑食”“不准剩饭”的观念。

我小时候在家里和学校都有过类似的经历。

在我的老家，由于家里的食物都是按照一人一份端上来的，因此如果不把饭菜全部吃完，用餐就不会结束。这其中最令我害怕的就是韭菜泡饭，每当这道菜上桌时，我都会发出“啊……看来今天的用餐时间要变长了”的绝望叹息。

希望孩子能够将“不挑食”“不剩饭”的观念贯彻到底的父母们，究竟为什么想要让孩子们这么做呢？日本也有过贫穷的时代，是因为希望后辈牢记那个时代的不易吗？又或是出于礼节……我认为虽然缘由各异，但重要的是要将这样做的目的清晰地传达给孩子。

如果你想让孩子不剩饭的话，就不要把孩子不爱吃的饭菜端给他。如果你担心孩子营养不均衡的话，就用孩子喜欢吃的食物来替代，以此来补充孩子所需的各种营养。

刻意端出孩子不爱吃的饭菜并强迫他吃完是一件没有多大意义的事情（我个人的想法）。

实际上，合不合口味只是个人接受程度不同而已。世界上有些地方的人吃蛇和昆虫，但如果突然把这些食物端到从没吃过这些的日本人跟前，很多人会产生抵触情绪。

相反，有许多日本人喜欢吃纳豆，但从全世界来看，不吃纳豆的人要多得多。这些只是感性上的差异而已。

另外，饮食习惯很容易受个人成长环境的影响。

刚结婚时，我的妻子是不吃纳豆的，这是因为她成长在一个不吃纳豆的家庭。由于我爱吃纳豆，渐渐地妻子也和我一起吃起了纳豆。她甚至曾惊讶道："原来纳豆这么好吃呀！"

如果味觉会随着人的成长而改变的话，想必我们能吃的东西也会随之变多吧。

由于我并不认为"不剩饭"是一件很重要的事情，也就没和孩子们过多强调过。

在我的两个孩子中，小儿子会挑食一些，只吃自己决定的和爱吃的东西。我妻子也没有刻意去纠正他，强迫他吃不喜欢的菜，所以并没有造成什么问题。

如果强迫孩子“不剩饭”已经让你家的用餐氛围剑拔弩张了的话，我认为还是尽快停止这样的做法，让一家人愉快用餐更有意义。

和大家说一个题外话，那就是我长大后才发现韭菜原来还可以炒着吃，所以第一次吃韭菜炒猪肝的时候我异常感动，因为在我的记忆里韭菜一定是用来泡饭的……

同一种食材，烹饪方法不同，味道也大不相同。大家不妨乐观地对待挑食吧！

亲子教育小贴士

与其纠结挑食的对错，不如好好地享受用餐的乐趣。

23 让孩子在脏话中思考“语言如何表达”

语言的交流中，最关键的是“听话人怎么想”。有时仅因一字之差，就会给他人留下完全不同的印象……

常常会听见父母们说：“孩子总爱说脏话，真是让人头疼啊！”

我家的孩子在青春期也几乎没有对我和妻子恶言相向过（不是因为孩子没有叛逆期的缘故），我认为这和他们的妈妈有很大关系。

我自己还偶尔会说一些脏话，但妻子从来不会对他们说脏话。

我估计两个孩子在外面说话时多多少少也会有一些粗鲁的表达，像跟朋友聊天时可能会用“是个屁啊”等词语，这很正常。我也从不认为这是个问题。

因为这并不是“说话人语言优雅或粗俗”的问题，而是“听话人怎么想”的问题。

朋友之间用这样的口吻开玩笑时，如果在场的朋友中并没有谁感到不愉快的话，就不是什么问题。

语言的交流中，最关键的是“听话人怎么想”。有时仅因一字之差，就会给他人留下完全不同的印象。

曾经有位临近毕业的学生过来跟我商量毕业典礼上的演讲致辞。

当他读到“（因某个学生的缘故）令我们感到十分困惑”一句时，我让他暂停下来。

立刻问他：“在这里用‘我们’合适吗？”

他听了后迅速察觉到我的话意并回答道：“啊，这里用‘我’比较好吧。”

我的话让他顿时意识到这是在毕业典礼上进行的演讲，典礼上会有许多同年级的学生，以及他们的父母。

如果在毕业典礼上用“我们”的话，可能会让原本并没有这么考虑的学生以及父母们产生不愉快的想法。

于是为了严谨，他将“我们”改成了“我”。（这篇演讲稿经过像这样细微之处的修改过后，最终让在场的学生都产生了共鸣，深受感动，成就了一场十分精彩的演讲。这在本书的“结束语”中也会提到。）

如果孩子对你说了令人反感的脏话，你要做的不是去告诉他“不能说脏话”，而要试着跟孩子分析这句话为什么让你讨厌。

“你说出这样的话，我很伤心”，如果孩子听到父母这样说，他应该会有所触动吧。

这也是父母与孩子一起来思考语言表达的好机会。

“对于同样的话，有的人听了会开心，有的人会不开心。对感到不开心的人说这样的话，无异于是在攻击对方。”告诉孩子，并和他一起思考如何运用语言吧。

有些事情看上去对父母和孩子不好，如果父母不去斥责孩子，并将此作为和孩子一起学习进步的契机，那么这就是一件有意义的好事情。

亲子教育小贴士

如果没有令对方感到不开心，孩子即便说点脏话也没问题。

24

朋友无论多少都不是大问题

话虽如此，但更多的孩子是在长大成人后，不断与人沟通、合作的过程中获得了成长。所以能够培养孩子从小树立起“他人意识”，绝对是一件十分有意义的事情，也是我们大人需要做的……

如同我之前和大家说的那样，我对于“好好相处”这句话持有怀疑态度。我知道有太多的孩子深受过这句话的折磨。如果大人们都用这句话来教育自己的孩子，那便会让无法遵守它的孩子深感痛苦。

人们常常会问：“你可以交到100个朋友吗？”我感觉在当今的日本社会，太过注重广交朋友这一点。

大约半个世纪前，当我还是个孩子的时候。如果人们被问到“你认为这个世界上最珍贵的东西是什么”这样的问题时，也许是当时战争刚结束不久的缘故，人们会毫不犹豫地回答“和平”。

但是，如今当我再把这个问题在课堂上抛出来时，相当多的孩子给出了“朋友”这个答案，这让我有些惊讶。

我出生于1960年，当时距“二战”结束才短短十几年，因此人们都极度渴望和平。而现在这些孩子面对同一个问题的答案是“朋友”，那不就意味着他们渴望交到朋友吗？

如今，一些涵盖道德与心灵教育的电视剧、电影、动漫等影视作品正在不断传达出“朋友至关重要”这一观念。

说句讽刺的话，这些观念难道不是让孩子们感到寂寞吗？

“没有朋友的人是个没用的人”这样的价值观容易有让孩子们变得不幸福。

有很多的父母苦恼自己的孩子没有朋友，曾经有位家长对我说：“这孩子很喜欢一个人玩，总是交不到朋友，我实在是很担心。”

我回答道：“我认为孩子喜欢一个人玩也不是什么问题。”

光从喜欢一个人玩、朋友很少的孩童时期来断定他长大成人之后一定会吃苦头，我认为并不可取。

因为我们并不知道这个孩子现在的兴趣爱好将会引领他走向怎样的未来。因此即便他热衷于某一件事，父母也不必过度担心。

话虽如此，但更多的孩子是在长大成人后，不断与人沟通、合作的过程中获得成长的。所以能够培养孩子从小树立起“他人意识”，绝对是一件十分有意义的事情，也是我们大人需要做的。

接下来，向大家介绍一下我在学校里教育学生的方法。

通常我会让平时喜欢独来独往的学生和另一个平日里与他并无任何交集的学生进行合作。

但是绝对不会和他们说“你们两个试着做朋友怎么样”之类的话。

首先我会问喜欢独来独往的那位学生：“听说你很喜欢……那到底是什么东西呢？”

此时，假如旁边的另一位同学也一起问“就是，究竟是什么啊”这样的话，那就更棒了。

没有人会反感别人对自己喜欢的东西抱有兴趣和产生共鸣，因此搭话的时候对方不会感到不开心。如果我们发现这个学生表现出与平时不同的样子，那就说明可以进一步与他交流。

最终就算这两个同学并没有成为朋友也没有关系。

这里最重要的并不是帮助他交到朋友，而是要让他树立“他人意识”。

如果这个孩子接下来能够去思考“该如何将自己热衷事物的美妙之处清晰地传达给周围的人”，或者仅仅是感受到他人对自己关心时所收获的喜悦，就足够了。

我认为这也是父母力所能及的事情。

如果自己的孩子很难交到朋友的话，父母不妨带孩子去见见其他热衷于相同事物的孩子，或者去听一下这方面的专家的意见等。

经过以上的努力，孩子如果能够从中受到启发，感受到志同道合的人之间进行交流时的幸福感，他的视野将会不断得到开拓，也会不断地树立起“他人意识”。

人们常常会奚落独自专注于自己爱好的人为“死宅”，不过我认为即便孩子具有上述特征（往往在男孩子中这样的倾向会更加明显），也没必要担心。

孩子有没有朋友并不是什么大问题。就如同我曾经和大家说的那样，如果父母们过分在意自己的孩子有没有朋友的话，反而会引起孩子们心中的焦虑，以至于他们会想“没有朋友的自己好没用”。

如果父母都能够拥有一颗豁达的心，默默地从旁守护孩子的话，孩子反而能够淡然面对生活中的一切。

亲子教育小贴士

比起有没有朋友，有没有“他人意识”更为重要。

25

育儿的本质就是不要教出“被动学习的孩子”

对于孩子们来说，最重要的就是要找到一套适合自己的高效学习方法。如果能做到这一点，“学习”将会变成一件很快乐的事情……

学校的写作课上，学生都会学到文章的写作规范，比如段落开头要空格、标点符号要怎么使用，等等。据说这套规范制定于明治中期到明治后期之间，本书在创作过程中也用到了这些写作规范。

在那之前，日本的文章中既没有段落，也没有标点符号，只是由许许多多的长句子组成。我们如果回想一下历史书中用毛笔创作的书画，就会发现其中的确没有一个空格，也没有“，”“。”等标点符号。

这样写出来的文章给人们的阅读造成了很大的障碍。此后，考虑到文章的易读性，便制定出如今的写作规范并普及开来。（有说法称，夏目漱石曾将欧文排版格式运用到自己的小说中。）

这套写作规范之所以得以普及，很大一部分原因取决于作家们强烈的目标意识和明确的他人意识，他们渴望“创作出简单易懂的文章”。

与写作规范一样，社会上的行为规范和技术等都是通过前辈们反复探索琢磨而创造出来的。

正因如此，当我们对于某些事物感到难以接受，或是难以做到的时候，为什么不将其改变成适合自己的呢？学习方法就是一个很好的例子。

学习方法本来就是因人而异的。

我认为学校应该首先教给孩子们基础的学习方法，然后让孩子们选择适合自己的。在麹町中学，我们虽然会教孩子们高效记笔记的方法，但是否实践还得看他们自己。我们始终跟孩子们强调：如果认为这个方法很难做到的话，可以尝试创造一套属于自己的方法。

对于孩子们来说，最重要的就是要找到一套适合自己的高效学习方法。如果能做到这一点，“学习”将会变成一件很快乐的事情。

许多家长出于好心，会给孩子布置作业、报补习班，但是，这样做反而剥夺了孩子们去不断探索适合自己的学习方法的机会。

孩子会逐渐变得被动，忘记学习方法原本是要自己下功夫去寻找的，最终变成“被动学习的孩子”。这样一来，孩子就更加找不到属于自己的高效学习方法了。

“教出主动学习的孩子”，这一点在育儿过程中非常重要。

偶尔也会有前来向我咨询演讲技巧的学生，针对他们的提问，我是这样回答的：

“演讲技巧是靠个人摸索出来的，你也尝试探索出适合自己的技巧。”

因为能够使演讲通俗易懂、扣人心弦的方法因人而异。

摸索出属于自己的方法固然是件很困难的事情，但当你真正地掌握这种技巧之后，将会体验到无与伦比的自信和成就感。

亲子教育小贴士

不要过多给予，让孩子自己去不断摸索吧！

26

家庭学习的习惯，只会剥夺孩子的时间

理想型的孩子应该能够自己寻找前进的道路，并主动学习必备的生存知识。而父母该做的则是尽力去助力孩子……

有的父母想让自己的孩子“养成家庭学习的习惯”，为了培养这个习惯，逼迫孩子坐在桌子前。

假如孩子没有家庭学习的习惯也能学得很好的话，我们还有必要让孩子养成这个习惯吗？

如今，对“工作方式改革”的呼声越来越高，人们越来越追求高效的工作方法。但是，为什么父母还是想让自己的孩子花费大把的时间去学习课本知识呢？

孩子们在学校里要学习，回到家里要做作业，甚至还要再去上补习班。学校布置的作业他们也不能不做，但我们要意识到这种做法收效甚微。

在麹町中学，我们不再给学生布置作业。因为**学习的目的是为了把“不懂”的东西“弄懂”。**

作业对于已经会了的学生来说不过是浪费时间，对于不会的学生来说又有一定的难度。（事实上，大多数的孩子在遇到不会的问题时都会直接跳过。）

我认为孩子如果能够自己找出会的问题和不会的问题，并针对不会的问题进行专项训练的话，是一种很有效的学习方式。如果孩子在学校学得不错，就没有必要执着于家庭作业。

麹町中学的学生也有很多在上补习班，我们一直跟他们强调："不要一味地听从补习班老师的每句教导。"他们没有必要把时间花在已经会做的题目上，只要能够发现不会的地方并加以学习，就足够了。

从2020年开始，英语和计算机编程这两门课程正式列入了小学生的必修科目。许多父母在得知这个消息之后非常赞同，也觉得应该尽早让孩子接触这两门课程。

不过，我认为还是应该看是否有这个必要、孩子是否感兴趣。如果有这个必要或者孩子感兴趣，可以让他们接触一下试试看，但如果强制让他们学习的话，恐怕没有多大的意义。

在想要培养孩子家庭学习习惯的父母当中，有些是不放心让孩子去做他想要做的事情的，于是就把孩子"拴"在桌子前，放在自己眼皮底下。他们似乎认为如果一味地让孩子去做他想做的事情，就会觉得自己是个不严格的人。但我并不这么认为。想要读书、想要练习乐器、想要看电视等，这些都是孩子们内心的真实想法，并没有什么不好。

再说，自由自在地生活，不正是孩子们的特权吗？

父母总是不经意间想要把孩子培养成自己心中的理想型孩子，但是要知道，**父母所期望的生活方式并不一定就是孩子渴望的生活方式。**

理想型的孩子应该能够自己寻找前进的道路，并主动学习必备的生存知识，而父母该做的则是尽力去助力孩子。

亲子教育小贴士

应该将孩子们的学习时间也加入“工作方式改革”中去。

27

不能被独特的个性束缚

如果诊断对孩子有利，倒也是一件好事。但是，有的孩子很在意诊断结果，反而会对他产生不良影响。这一点，我们必须铭记于心……

近来，孩子有发展障碍的家长找我商量的次数越来越多。他们感觉自己的孩子行动上好像受到了什么阻碍一样，询问我是不是该去医院检查一下比较好。

我一直建议他们不要这么做。

当我得知有教师想给孩子的症状定性时，我便去问他这样做的目的：“给孩子的表现定性后，你想要怎么做呢？”

当然，了解了孩子的症状后，老师们可以给予一些帮助。甚至有的孩子正在服药，所以，我不否定让孩子去接受专家的诊断。

但是，**学校本就应该是一个由各色各样的孩子一起共同生活，进而获取更多知识的地方。**

无论专家诊断与否，学校都应该关注到每位学生所需要的帮助。

接下来，请允许我和大家说一件从我的好朋友——大空小学原校长木村泰子女士那里听到的一件事。

大空小学是一所公立小学，位于大阪市。在这所小学中，无论是有发展障碍的孩子，还是发展健全的孩子，都会被安排到同一间教室里进行学习，可谓“包容性教育”的先驱。

但是，木村女士并未称大空小学推行的是一种“包容性教育”。

木村女士在**“保障所有孩子的学习权利”**的治校理念下，将有发展障碍的孩子和发展健全的孩子放在一起学习，她认为这是一件理所当然的事情，并不特别。

我也在木村女士的身上学到了很多东西，她的确是一位了不起的人物。

接下来我要说的就是发生在大空小学中的事情。

在某个班级里，有一位名叫小麻的孩子，她被诊断有重度认知障碍和自闭症。平日里，小麻只会通过说“啊”来表达她的情绪。

小麻升入六年级的时候，班里新来了一位老师。

在社会课上，当孩子们进行的小组学习结束之后，社会老师对大家说："现在让我们开始整理笔记吧！"说完，孩子们便各自埋头开始整理自己的笔记，教室里非常安静。这时，小麻缓缓地从板凳上站起来，一边说着"啊"，一边开始在课堂上走动。

老师见此情形，立刻对小麻说"嘘"，想让她安静下来。

这时，小麻的同班同学们都抬起了头，对着老师问道："老师，您为什么要说'嘘'呢？"

老师回答道："现在大家都在安静地学习，小麻这样做，大家会不会觉得吵呢？"听到老师的答复后，孩子们又问道："在老师看来，小麻的声音是一种噪音吗？"

原来平日里，别的老师就教他们不要因小麻的一声"啊"就无法集中精神学习，因此，即使小麻发出了很大的"啊"声也完全不会让大家分心。

尽管新来的老师对此感到疑惑，但他还是继续说道："小麻，坐下吧。"见此情形，孩子们又说道："老师，不要管她，小麻现在是有事情想做才站起来的，等她累了自然就会坐下了。”

话音刚落，又有一位孩子问道：“小麻发出‘啊’的一声，老师您知道她想说什么吗？”

面对这个孩子投来的问题，老师什么也答不上来。

于是，大家又补充道：“小麻喜欢的骰子不见了，应该是想去找吧。”（小麻很喜欢摆放在教室前的皮革骰子。）

即便小麻无法说话，也能够很好地和大家进行交流。就像这样，孩子们拥有自己的适应能力。

我认为大人们和校方的反应总是过于激烈。我们不该剥夺孩子们多样的生活。

麹町中学目前并没有实施大空小学这样的做法，但是我一直认为，如果大空小学毕业的孩子们升入麹町中学的话，也许可以成立那样的班级。

有交流障碍和强迫倾向是发展障碍儿童的典型特征。不过无论是谁，多多少少都会有这种倾向。世上没有完全无强迫倾向的人。妈妈们往往都认为男孩子比较奇怪。

那么，到底有多奇怪呢？假如一个高中生模样的男生路过走廊下，突然看到一颗纽扣悬挂在离自己不远不近的地方，他十有八九会去尝试触碰那颗纽扣。大家可能会认为这种行为比较傻，但是男生们就是这样。（就算是年近花甲的我，也想在没人的时候尝试一下这种事。）

ADHD（多动症）通常是指孩子的注意力不集中，反过来也可以说是注意力太集中。

一般患有多动症的孩子，喜欢的东西和兴趣会不断变化。

我接触过许许多多的孩子，我认为男孩子通常都会有一些这样的倾向。（有时我和妻子聊天，脑子里也会想着与聊天话题完全无关的事情，以致经常不知道妻子讲了什么……）

如果诊断对孩子有利，倒也是一件好事。**但是，有的孩子很在意诊断结果，反而会对他产生不良影响。**这一点，我们必须铭记于心。

世上的每个人都不尽相同。

如果社会能够对多样性多给予一些宽容，孩子们就能意识到自然世界和人类社会的多姿多彩。

但是，我们必须注意到：有些孩子也会因为个性太强而无法适应校园生活。

对于不善于读写、有学习能力障碍的孩子来说，需要大人更多的引导。具体内容将在下一篇进行介绍。

亲子教育小贴士

创造出一个不会让孩子意识到自己个性独特的环境更为重要。

28 即使读写有障碍，也会走出一条阳光之路

我想告诉大家的是，“学习方法”并非只有读写这一种。如果孩子读写有障碍的话，可以去寻找别的适合的学习方法……

前文已经提到过，我们必须关注孩子在学习方面的独特个性。

因为，当今学校教育的重点是培养学生的读写能力。如果孩子在读写方面很吃力的话，那么他们在学校里学习也是一件很痛苦的事情。

在学校，老师会教孩子们记笔记的方法，但对于不适合此方法的孩子来说，带来的只有痛苦。

我想告诉大家的是，**“学习方法”并非只有读写这一种。**如果孩子读写有障碍的话，可以去寻找别的适合的学习方法……

学校中的“平等关怀”就是为了让有发展障碍的孩子以及个性独特的孩子能够享受到平等的待遇。这种“平等关怀”可以让有阅读障碍的孩子能够用上发音软件，让有读写障碍的孩子能够用上平板电脑。

正在高速发展的科学技术以及信息通信技术，可以给这些个性独特、不擅长读写的孩子提供帮助。不过遗憾的是，即便是找到了对应的学习方法，可能有的学校也不允许投入使用。

如果是这样的话，我们首先要找一个得力的“助手”，和我们一起去推进这种“平等关怀”。

我曾结识过一位患有亚斯伯格症候群的朋友，他叫菊田雄介，听说他在读小学的时候，读写方面十分吃力，尤其是写作。

但是，他在小学五年级的时候有幸参加了东京大学先端科学技术研究中心发起的“DO-IT Japan”计划①，从此他变得能够用电脑流畅打字。

菊田先生对我说，进入中学之后，他每天随身携带平板电脑、便携扫描机以及便携打印机去上学，校园生活中的苦恼和压力也都烟消云散了。

考试的时候，菊田先生会将答题纸用扫描机传输到电脑中，再使用名为“Meta Moji Note”的软件输入答案，输入完毕后再由打印机打出来上交。

---

①主要致力于帮助患有疾病或残障的学生实现升学和就业。——译者注

通过这样的方式，菊田先生获得了“平等关怀”，不仅改变了在校时的学习方法，而且也**找到了自己将来的工作方式。**

当孩子们走向社会后，他们会发现处理工作的方式有很多，简直数不胜数。

虽然在学校里大都是以手写作为主要的学习方法，但步入社会之后，以手写的方式处理所有的书面文件，在当今社会几乎不复存在了。人们大多是用电脑来进行各种交流，而且语音输入和自动朗读软件的正确率也不断在提升。

如果我们能够用上这些工具的话，**那么即便是有读写障碍的人，也能够在社会上大放异彩。**

对于孩子们来说，最重要的是“获得了更容易立足于社会的本领”。若都能像菊田一样在学生时代就可以找出适合自己的学习方式，将是一件多么美好的事情啊！

对未来充满无限期待的菊田先生，在他的小学毕业作文中写下了这段话：

走向自由之路——昔日憧憬自由的我和如今的我

我患有亚斯伯格症候群，也就是人们所说的“孤独谱系障碍（没有智能障碍的自闭症）。”我很不擅长读写，经常在这方面感到非常吃力。以前，我很讨厌自己的病症，甚至会厌恶自己。我渴望自由！

二年级的时候，有一次我逃课跑到附近的公园里去玩，我认为当时这么做其实就是为了争取自由。但当时的我自欺欺人，明明知道原因却装作不知道。

到了三四年级的时候，我自虐的现象越来越严重了。总想着“自己还不如死了的好”“我就是个笨蛋”“谁都不需要我”。当被同班同学说“去死吧”的时候，我也有过直接从窗边跳下去的念头，当时却被我的班主任给制止了。我告诉班主任：“如果没有这个病就不用这么累了，也不会有这么多痛苦的记忆了。”班主任回答道：“我曾经也有过想要自杀的念头，但之后我遇到了许许多多的人，他们让我的想法改变了。”听完之后，我认为我的自由在他人手中，于是想通过和他人交往来获得自由。但那时的我并没有朋友，虽然也有人跟我一起玩儿，但产生摩擦后，他们变得连话都不跟我说。

这样的状况一直持续到四年级结束。五年级的时候，我换到了新的班级，感到非常开心，我可以和新同学交朋友了！可以获得自由了！我不会再因自己的病而苦恼了！就算没有那么的确信，我也仍感到非常开心。五月份，我迅速地向大家坦白了自己的情况。说的时候我的心脏怦怦直跳，想着会不会得到大家的理解。紧接着我激动起来，因为大家似乎都理解了我的境况。某一天，当我听到同学们说“Pita，你真自由啊”时，我开心极了，想着我和获得自由的距离又近了一步。

但是在读写方面我仍旧是不自由的。每当我写字的时候都会感到烦躁，几乎没有做过一次写汉字的作业。夏天我参加了一个名为“DO—IT Japan”的计划，在那里，工作人员会给读写困难的孩子发放iPad，并教我们如何将它运用到学习中。学习了iPad的使用方法后，我想着自己这下终于能够把老师的板书抄写下来了。同时，我又感到后悔，后悔没能早点知道这件事，那样我就不用那么痛苦，也能更早地获得自由了。把我的时间还给我！但是谁也没有把我的时间给夺走，就算说着“还给我”，时间也不会回来。时间就是这么一回事。当我注意到这一点的时候，心中略带感伤。这一年，我取得了很大的进步！

到了六年级，学校允许我带着iPad上课，于是我在读写上的诸多不便纷纷消失了。我感到如释重负，整个人轻松起来，渐渐地，也变得喜欢自己了。我终于冲破了阻碍！

虽然也有不开心的时候，但我认为小学六年让我进步了许多。在接下来的日子里，我不光要“与人交往”，还想要交到几位“值得信赖的朋友”。或许我已经有了这样的朋友，只是还不知道他是谁。接下来我会继续挑战人生！

可以说曾经讨厌自己的病症，甚至讨厌自己的菊田先生，在人生道路上迈出了很大的一步。

对于患有朗读障碍和书写障碍的孩子来说，汉字听写考试真的有必要吗？

作为成年人，我们不应该只思考如何去帮助孩子继续适应当下的教育模式，而是应该思考如何教会孩子们用怎样的方式立足于社会。因此，我们必须创造出一个让每个孩子都能找到适合自己的学习方法的教育环境。

亲子教育小贴士

让新技术成为“助手”，一起去探索将来适合孩子们的工作方式吧！

29

能学习的地方，不只是学校

这位毕业生能够清楚地认识到自己想要做的事情，并坚定地在自己选择的道路上前进，真的很棒……

“不登校”的孩子每年都在增加。

根据平成二十九年的年度调查显示，“不登校”的中学生约有10万人。当然，这其实与真实情况还有些出入，像那些来了学校却不进教室，即有“不登校倾向”的孩子，已有将近30万人。

因此，近几年，因家有“不登校”或“不登校倾向”的孩子而来找我商量对策的父母越来越多。

每当有父母问我“到底该怎么办才好”时，我都会说“不来学校也未尝不可”。这怎么看都不像是一名校长应该说出的话，我的回答经常让父母们目瞪口呆。

在这里请允许我再强调一次：**将“不登校”视为问题的是大人，如果他们不将上学视为孩子们成长的唯一手段，自然也就不存在“不登校”这一概念。**

当然，前提是学校要为所有的孩子提供能够安心上学的环境。如果学校连这个都无法保证的话，就没有权利**对学生不去上学产生过激反应。**

“如果学生‘不登校’，他们的成绩就会下滑，并畏惧考试……”“学习也会落后于其他同学。”类似的声音我也有所耳闻。

但是，在这里我可以肯定地说：**就算孩子不去上学，也不用畏惧考试。学习成绩虽然会暂时落后，但也可以重新追上。**

我参加过由日本经济产业省主办的“‘未来教室’和教育技术研究会”活动，从与会的一位高中生那里我了解到一件事。

这位学生从小学一年级到六年级一直因病住院，不能去上学。他因为很喜欢昆虫，住院期间阅读了法布尔的《昆虫记》以及大量的昆虫图鉴等一系列昆虫类读物。

他刚升入中学时，学习进度确实有些跟不上其他同学，但经过他的努力，最终考进了都立高中。如今，他一边进行生物研究，一边学习，每天都很开心。

“普通的科目（语文和英语）不怎么有趣，如果能多些生物研究就更好了。”他说道。他还提到自己的汉字、文章写作等语文知识，通常是通过昆虫类书籍学到的。

可见，“不上语文课，就学不了语文知识”的说法并不成立。当学生在阅读自己钟爱的书籍的过程中，不仅可以潜移默化地学到汉字、文章写作等方面的知识，还会渴望把所学内容和观后感发表出来分享给他人。若学生下笔写作时，发现自己文字匮乏、词不达意，并顿悟文章缺乏优美的辞藻是多么无趣，他可能会主动去学习汉字了。

某私立高中的学生也参与了这次活动，我从他们那儿也得知一些有意思的事情。

该校学生每人每周花费两小时，对自己选择的课题或高年级学生的课题进行研究。更令我吃惊的是，他们竟在研究iPS细胞（指诱导多能干细胞）相关的内容。

要进行这种高层次的研究，仅靠日本的文献显然是不够的，他们还需要查阅英文文献，迫于研究需要，他们都在努力地学习英语。而且，他们也会有去国外进行交流的机会。国外交流需要用英语进行演讲，所以，掌握必备的英文演讲技能也十分必要。

学习不知何时会用上的知识，是一种打破常规的学习，也是一种最本质的学习。

对于中学生“不登校”行为，很多人在意是否会影响他们的“内申点”，影响中考。但是大多数的私立高中不会特别在意。

“内申点”是根据定期考试成绩、课堂表现等对学生进行评价的一种体系。如果学生由于某些原因“不登校”，将会没有采分标准，学校也就无法给学生打分，那么学生的“内申点”一栏则会被画上一道斜线（即没有记载成绩）。

另外，日本各都道府县的考试制度不一样，不能一概而论。**东京的公立高中，就正在想办法消除“不登校”对中考学生产生的不利影响。**

不过，各个学校的采分标准都没有公开，故无法断言“不登校”是否会给学生带来不利影响。日本首都教育委员会呼吁各高中不要让“内申点”一栏的斜线成为学生入学考试的扣分点。

有很多家长无论如何都希望孩子能够得到“内申点”一栏的成绩，所以硬逼着孩子去参加考试。但是我想告诉家长们，这么做反而会对学生的“内申点”不利。（我认为相比在有限的评价材料中获得分数，不考查“内申点”，只通过学力检测来获得总体评价会更好，对学生会更有利。）

“内申点”一栏标注了斜线的话，就不能参加都立高中的推荐入学考试了，但是，参加私立高中推荐入学考试的先例还是有的。

他们通过直接联系私立高中，向校方说明了学生的具体情况。校方提前与本人及监护人进行了面谈，了解到学生有强烈入学的愿望后，给予了学生推荐入学考试资格（之后学生考试也合格了）。

我们也一直对父母说：“若想以孩子上大学为目标，完全没必要强迫他们去上高中。”想要上大学，只要参加高中毕业认定（高中毕业资格认定考试）就可以了。

我以前的一位学生，ADWAYS株式会社的社长冈村阳久，高中时曾中途退学。

前几天见面的时候，我又问了他高中退学时的具体情况。他在决定到底是否中途退学的时候，由于心有不安，就到书店找到了有关高中毕业资格认定考试的问题集阅览。看完后他发现问题变得很简单，“题目这么简单的话，我随时都可以去上大学啊”，最终他选择了中途退学。（高中毕业资格认定考试的条件是年满16周岁，大学入学考试的条件是年满18周岁。所以实际上，只要他符合年龄要求，完全可以自行参加大学入学考试。）

麹町中学的毕业生中，有一个成绩很好的学生，他一直纠结自己到底应该进入大学录取率比较高的日比谷高中就读，还是应该去通信制高中“N校”就读。

由于他有一件无论如何都想去做的事情，并且希望有充裕的时间去做这件事，所以他最终没有选择时间不自由的全日制高中，而是选择了自由时间比较多的通信制学校“N校”。

这位毕业生能够清楚地认识到自己想要做的事情，并坚定地在自己选择的道路上前进，真的很棒。

如果你在学校以外的地方能够找到成就将来生活方式的道路，就可以不必拘泥于学校了。

亲子教育小贴士

在学校取得好成绩并不意味着获得了全部。

30

比起“阅读能力”，更应好好锻炼“表达能力”

今后的时代需要的是有“他人意识”，且“表达能力”优异的全方位人才……

近年来，越来越多的人感叹“孩子们的阅读能力薄弱”。

阅读能力一般指的是对文章的“阅读分析能力”。似乎大家都认为阅读能力是思考的基础，想要具备阅读能力就要多阅读书籍和新闻报纸。

既然是这样的话，那么有阅读障碍的人，他们的思考能力和沟通能力就会比较差吗？我觉得并非如此。

有阅读障碍的人虽不擅长读写，却很擅长“听和说”。当今社会十分重视演讲与表达技巧，所以他们的“听和说”能力可以成为他们最强的武器。好莱坞明星汤姆·克鲁斯和史蒂文·斯皮尔伯格曾经公开说过自己有阅读障碍。

有些父母一味地看重孩子的“阅读能力”，就可能会导致他们产生“必须给孩子多看点书”的想法。我倒认为父母们大可不必过分纠结于此。

人与人交流的方法多种多样。

孩子们要学会根据自己的情况进行选择和取舍，父母们不要拘泥于一个点，要多方面透彻了解自己孩子的长处。

以“群体生活”为出发点来考虑的话，我认为能否将自己所要表达的意思完整地传达给他人，是最为重要的，这也是有无“他人意识”的体现。

当一个高中生跟一个一年级的小学生进行对话时，假使高中生使用他这个年龄段的语言，小学生可能会听不懂。

要想知道自己说的话究竟能否让对方理解，前提是必须明白对方是个怎样的人。了解对方，对于后期的交谈很有意义。

在日本，如果对方不理解自己写的论文或是其中使用的术语，大部分人会认为是对方的能力不够。而当对方阅读你的论文感到艰涩难懂时，他甚至会怀疑你是不是故意把文章写得这么难懂。论文原本就是给读者阅读的，所以，将论文尽量写得通俗易懂很有必要。

如今，在日本的学校教育中，一直流行着一个观点：“阅读能力”强的人，“表达能力”也不会差。因此，为了提升孩子们的“阅读能力”，学校总会推荐他们多看书刊和报纸，却往往忽视了对他们“表达能力”

的提升。

今后的时代需要的是有“他人意识”，且“表达能力”优异的全方位人才。

亲子教育小贴士

加强锻炼孩子们的自我“表达能力”吧！

31

考试不及格更要淡然面对

在孩子们面对考试这个重大挑战的时候，父母需要履行的职责是：不要让孩子产生“失败”“不顺利”等心理负担……

正在翻阅此书的各位读者可能正在面临孩子是否要进行小升初、初升高考试的艰难选择。

考与不考并不意味着孰好孰坏，这是由每个家庭的具体情况决定的。我能够理解父母们都想尽可能地让自己的孩子在一个良好的教育环境中学习的心情。不过，大家必须谨记，凡是考试都会伴有相应的风险。

若要准备一场小升初考试，孩子的学习任务通常会增加很多。最近受“考试热”的影响，一些长时间学习的补习班也随之增多了。

有时，父母会事先为孩子准备好晚餐，供他们带去补习班食用。孩子们晚上10点、11点才回到家的情况时有发生。这才刚上小学，就需要同时奋斗在学校和补习班之间，其中甚至还不乏一些在上兴趣班的孩子。孩子们的睡眠时间正在被大大地缩减。

父母们其实也明白，这样做可能会给孩子们带来巨大的压力。因为有如此大的学习压力，所以在家庭生活中，父母们要时刻观察和留意孩子的精神状态。

此外，在孩子备考期间，父母也该明白：“只要是考试总会有不及格的时候。”

在孩子们面对考试这个重大挑战的时候，父母需要履行的职责是：**不要让孩子产生“失败”“不顺利”等心理负担。**

就算有些父母对是否让孩子参加考试有所动摇，也不要让孩子看见你的担忧，在孩子面前请保持一副坚定的样子。

但是有的孩子，不管父母有多么的坚定，同样会受到周围的孩子以及补习班的影响，一遇到挫折内心便开始动摇。

正因如此，父母一定要经常说一些**“总会有不顺的时候呀”“大好的人生还未开始呢”“这根本算不上什么哦”**等鼓励的话语，努力减轻孩子的压力。

在孩子整个备考期间，渲染出随时都能够说出鼓励的话语的和谐氛围也很重要。

另外，正在翻阅此书的父母们，假如因孩子考试失利而让亲子关系短暂破裂，也请不要太过担心。这不过是人生的一个节点，你们再一次共同迈开步伐走出来就可以了。亲子关系无论何时都可以修复。

亲子教育小贴士

考试不过是人生中的一个节点。

32

叫家长，并不是为了训斥孩子

三方会谈最理想的状态是，通过会谈不但能够增进学校和家长之间、学校和孩子之间的信任关系，还能够增进父母和孩子之间的关系……

见到孩子的班主任，父母一般都会说些什么呢？

通常来说，除了举行三方会谈和家访这类活动以外，父母们很少能有和班主任说话的机会。大部分父母可能只有在自己的孩子有什么事情没有做好的时候，才有机会与班主任对话。但是，我对于老师们只是为了纠正孩子的问题行为才请来家长的做法不是很赞同。

当孩子们在学校里有一些问题行为时，通常都会受到老师的责罚。估计在这种情形之下，无论父母如何去劝阻孩子停止问题行为，他都不会有任何改变吧。

处于小学高年级到初中阶段的孩子们，学校或者父母们略微变化的对待方式并不足以令他们改变。话虽如此，父母也不能轻易放弃，对此也并非无计可施。

麹町中学也会请家长来学校，接下来，就以麹町中学为例进行说明。

一般来说，家长到校之后会先对校方致歉：“我家的孩子给各位添麻烦了，真的是非常抱歉。”

这时我们会对家长们制止道：“不不不，明明是在学校里发生的事情，还特意劳烦您前来，是我们应该道歉才对。”

此外，我们还会事先在别的房间对做错事的孩子们安慰道：“你爸爸妈妈能来真是太好了！说明他们很在乎你，同时，也很称职、很优秀！”

大部分的孩子见此情形，一定都会有所触动。

明明做错事的是自己，但无论是父母还是学校，都在向对方道歉。

我们让孩子们的父母来学校，并不是为了让他们回到家之后严厉地斥责孩子。而是让孩子们明白学校和父母是团结一心的，并让他们深刻地意识到事情的重要性，这才是我们最主要的目的。叫家长也是为了向孩子们传达“无论是学校，还是自己的父母，都会一直支持你”这样的信息。

当然，父母在被叫去学校之后，有时候也有必要好好地教育一下自己的孩子。但即便如此，父母也要向孩子传达另一个信息：**“往后就算再次发生了今天这样的事情，我也绝不会因此而讨厌你。”**

孩子们出现问题行为并非父母或者学校的错，因为孩子之间产生矛盾很常见。假如能够将孩子们犯的错误变成他们今后学会自律的“垫脚石”，那就最好不过了，而“不让孩子再犯错”反而是一件无关紧要的事情。

为此，我也希望父母们既可以和学校共同找出孩子成长所必要的东西，又可以和学校建立起能够冷静制定策略的相互信任关系。

例如，三方会谈。三方会谈最理想的状态是，通过会谈不但能够增进学校和家长之间、学校和孩子之间的信任关系，还能够增进父母和孩子之间的关系。

实际上，还是会有部分老师将学生的问题一一告诉家长。我不知道这样做究竟是为了什么。

这样做既会使旁听的孩子心生“尖酸刻薄的老师”这样的想法，增加对老师的不信任感，又会让旁听的父母感到为难。回家之后，父母和孩子之间可能将会开始新一轮的争吵。

作为一名校长，我不想在父母面前打孩子的小报告，而是更乐于和他们一起分享孩子的优点。

老师对学生说："听你妈妈说你在家表现很好啊。"父母对孩子说："听你们老师说你在学校很受同学欢迎啊。"像这样互相分享孩子的优点，才是教师和父母最理想的配合方式。

而当学生问老师"我爸爸妈妈和您的关系好吗"的时候，我希望老师们都能够肯定地回答："当然，我们关系很好。"

在建立起这样互相信任的关系之后，孩子们便会觉得学校是一个令他们安心、让他们有安全感的地方。

如此一来，孩子们一定会有所改变。

亲子教育小贴士

如果父母和学校能够相互信任的话，孩子一定会有所改变。

33 大约九成的孩子都是校园欺凌的协助者

日本国立教育政策研究所就校园欺凌话题，对数百名小学三年级到初中三年级的孩子进行了6年的跟踪调查。在面对“这6年中，你有没有欺负过别的同学”这个问题时，有87%的孩子回答“有”，将近占总人数的九成。而面对“这6年中，你有没有受到过别的同学欺负”这个问题时，也有88%的孩子给了肯定的回答，同样约占总人数的九成……

我相信父母们都会考虑这样一个问题："我家孩子在学校有没有被欺负过呢？"

在这里，我想问大家，校园欺凌究竟指的是什么呢？先让我们来看看"校园欺凌"一词是如何定义的吧。

日本文部科学省（之前称文部省）最初解释"校园欺凌"一词是在1986年。那时的定义为：

1.较自己更弱的一方；
2.持续实施肉体和心灵上的攻击；
3.造成对方身体伤害、精神损害，经学校确认（当事人、欺凌内容等）的发生在校内外的侵害行为。

1994年，该定义删去了"经学校确认（当事人、欺凌内容等）"这一条，并补充了"不以表面形式判断是否构成欺凌，从受害方的立场来判断"。不过，这并没有什么实质性的改变。

2006年，该定义又一次发生了巨大的改变。**校园欺凌是指学生在固定的人际关系中，受到他人心理和生理上的攻击，而感到精神上痛苦的，发生在校内外的侵害行为。**

其中，值得关注的是将“对较自己更弱的一方实施的侵害行为”改成了“在固定的人际关系中受到的侵害行为”，即便非“持续”的攻击（仅一次也算）也能将其定性为“校园欺凌”。这样一来，校园欺凌的定义范围变得更宽泛了。

文部科学省这样变更定义，主要是基于校园欺凌已经夺走了好几个孩子的宝贵生命。为了拯救被欺凌的孩子们，文部科学省赋予了“校园欺凌”一词更宽泛的定义。我本人也非常支持这样的做法。

有一份调查报告显示：日本国立教育政策研究所就校园欺凌话题，对数百名小学三年级到初中三年级的孩子进行了6年的跟踪调查。在面对“这6年中，你有没有欺负过别的同学”这个问题时，有87%的孩子回答“有”，将近占总人数的九成。而面对“这6年中，你有没有受到过别的同学欺负”这个问题时，也有88%的孩子给了肯定的回答，同样约占总人数的九成。

由此看来，既没有对他人实施过校园欺凌，也没有遭受过校园欺凌的孩子大约只占总人数的一成多一点。

在校园欺凌的定义变得宽泛之后，究竟哪些行为是真正的校园欺凌，哪些行为是单纯的同学矛盾？两者之间的界限变得模糊起来。

对待同一件事情，是沉重地接受还是选择毫不在乎，因人而异。

所以，在孩子们之间产生矛盾的时候，我们首先要做的并不是弄清“这是否构成校园欺凌”，而应该思考如何帮助孩子们化解矛盾。

在孩子们的日常生活中，矛盾随处可见。为了将来能够更好地立足于社会，孩子们必须要有独立解决问题的能力，还要知道当自身能力不足时，可以借助他人的力量来解决问题。

对于孩子们之间的矛盾，我们要注意：不应该仅仅局限于**“如何让他们的关系重归于好”**这一点，而要把“如何让这场矛盾成为孩子们学会自律的契机”作为目标来解决问题。

如果一个孩子看不惯另一个孩子的做事风格，那反倒能成为他懂得事物多样性的一个契机；如果一个孩子看不惯另一个孩子整天不学习，那反倒能成为他思考如何与人保持距离感的一个契机。

当然，孩子们能够独自顺利地解决矛盾是最理想的，不过确实也存在一些他们自己无法解决的问题。

对于孩子们之间的各种矛盾，父母们是该默默地在一旁关注呢，还是需要介入其中；是联系教育部门一起解决呢，还是获取警方等校外组织的帮助……对于这些问题，父母们一定要看清事态、采取行动，并在其中有效地帮助孩子们培养自律的宝贵品质。

亲子教育小贴士

父母不要拘泥于思考“是否构成校园欺凌”，而需有意帮助孩子形成自律。

34

引导孩子用客观事实来解决校园欺凌

作为老师，必须注意到学生想要隐藏的信息。同时，父母们也要变得敏感起来，仔细观察孩子日常生活中的微妙变化……

在本章节，我们将一起探讨在什么情况下父母需要介入孩子之间的矛盾。（由于对“校园欺凌”一词的定义较为模糊，因此接下来我们讲的是“较为严重的校园欺凌”。）

其实，校园欺凌很难被察觉。

正如“绝对不允许校园欺凌”这句话所传达的字面意思一样，对任何人来说，校园欺凌都是一种不好的行为。因此，**校园欺凌总是发生在老师和父母看不见的地方。**

那么，“受到校园欺凌的一方”为什么不将此事公之于众呢？这些遭受到校园欺凌的孩子大多有着以下心理特征：

1.认为受到校园欺凌是件难以启齿的事情；
2.不想让父母担心；
3.生怕说出来会遭到更严重的报复，不敢说。

经常被媒体报道的是第三种。**正因为孩子不想将事情告诉周围的人，校园欺凌才更加难以被察觉。**

因此，作为老师，必须注意到学生想要隐藏的信息。同时，父母们也要变得敏感起来，仔细观察孩子日常生活中的微妙变化。

那么，当我们察觉到校园欺凌时，又该采取怎样的行动呢？这里我想以孩子主动说出事实为例，试着向大家说明该如何应对。

第一步，要和孩子确认是否真的遭受了校园欺凌。

孩子可能会给出“感觉被他说了坏话”“感觉被他无视了”之类的模糊答案。但是，只有当父母们充分确认事情的来龙去脉之后，才能开展下一步的工作。父母们必须弄清楚“什么时候”“什么地点”“对方是谁”“孩子被怎么样了”这些问题的答案。

相信当父母听到孩子说“被打了”之类的话后，肯定会变得相当激动。但这时候千万要保持冷静，问清楚孩子“打得有多重”“哪里被打了”“被打了几下”等具体的细节。

虽然听到孩子被欺负的细节会让父母们感到非常痛心，但是我们若不把这些信息都理清楚，怎么能够去理性地解决问题呢？

另外，当我们还没有得到确切消息的时候，也可以根据从周边打探到的消息来判断。父母在和学校交流的时候，要明确区分出哪些信息是真的，哪些信息是推测的，哪些信息是传闻。

同时要注意事先创造一个让孩子不说谎的外部环境。因为一旦孩子说了谎，他就很难再去否定自己说过的谎言，甚至还会为了圆一个谎而去编造更多的谎言。

我和很多孩子打过交道，曾经还见到过受到校园欺凌的一方说谎的情况。

当我们在听孩子描述事情经过之前，应该提前在脑海中设想出最坏的情况。

同时，根据场合，尽可能多地鼓励孩子：“爸爸妈妈是你最好的朋友，老师们也都相信你，放心地告诉我们吧。上学本该是一件很开心的事，千万不要一个人憋在心里哦。”

有的孩子在受到同学欺负后，甚至会产生自杀的念头。**我希望真到那时，父母能够告诉并安慰孩子：“如果太痛苦的话，咱们就不去学校了。”**

有时候父母也并不需要亲自调查，若是感觉到孩子有什么不对劲，可以通过学校来了解实情。

现实中，也有一些孩子不愿说出详情，倘若父母再不过问，就更加看不到事实的真相。因此，希望父母们能够采取轻松有效的方式来向孩子确认事实。

第二步，将了解到的事实告诉学校。

如果那是一所能采取相应对策的学校，校方首先一定会对受害的学生说："我们绝对会为你保守秘密的，放心把实情告诉我们，好吗？"

随后，学校大概还会再问学生："为了让我们目前得到的信息更客观，我们想听一下第三方的意见，你认为问谁比较好呢？"

也有老师可能会直接去问自己认可的第三方，我认为这样做不太好。因为老师认可的第三方也可能和施害的一方存在某种联系。（比如施害者事先将事实告诉这个第三方，勾结第三方来掩盖事实的真相，最终可能会导致施害者进一步报复受害者，使校园欺凌的性质进一步恶化。）

学校之所以需要询问第三方学生，主要是为了在询问施害者之前掌握客观事实，以防施害者说谎。

同时，当我们想问第三方学生时，要谨防施害者知道自己可能将要被约谈，也不要当着其他学生的面说出“我想找你问点事情”这样的话。比如，我们可以在用餐的时候对他说：“有件事情想让你帮个忙，午休时间能来一趟办公室吗？”

然后，为了让第三方学生能够安下心来和我们交流，我们还需要告诉他：“我们会保守秘密的，不会说是你说的。”（谈话期间我们还要确认这个学生是否提前与施害者做过沟通，如果发现可能是的话，就必须更加谨慎处理了。）

第三步，如果能够肯定第三方提供的事实可靠的话，我们就可以开始询问施害者本人了。

当获知施害者是多数人时，不要统一询问，最好是分开问话。这其实是一件实施起来很困难的工作。

我们也必须考虑到孩子们会为了保护自己而编造谎言。我们解决事情的目的是为了让每个人都能够过上舒心的生活，因此，为了让他们说出事实的真相，我们必须持之以恒。

走到这一步，我们终于揭开了真相，明白过去究竟发生了一起怎样的校园欺凌事件，而这也是解决问题的开端。

如果是恐吓、暴力等犯罪行为的话，那我们有必要让警方介入；若是性命攸关的事，还应该让父母迅速介入其中。

我认为保护受害者是整个环节中最关键的事情。同时，也希望父母们能够积极配合，对实施校园欺凌的孩子进行纠正。

不让遭受欺凌的孩子带着噩梦生活，是我们必须完成的使命。

亲子教育小贴士

了解当下最该做的事情，根据不同阶段给予孩子相应的帮助。

35

孩子，本来就是不成熟的

我们要清楚，孩子本来就是不成熟的。有的孩子说话不经思考，想说就说；也有的孩子控制不住自己的情绪。所以，我们会觉得“那个孩子性格很差”。毕竟他们还是孩子，目前还处于探索这个未知世界的成长过程中……

当校园欺凌被曝光后，施害者往往会辩解：

1.“我只不过是在以牙还牙”；
2.“他自身也有问题”；
3.“只不过是玩玩而已”。

很多人认为他们的辩解只不过是将父母常常对他们说的话原封不动地说出来而已。

例如，“他自身也有问题”这样的辩解，可能根源便在于父母曾在这些孩子面前无意间谈论其他孩子时说过“那个孩子性格很差”之类的话。

在大人们看来，有些孩子的确会有一些不成熟的行为。但是我们要清楚，**孩子本来就是不成熟的。**有的孩子说话不经思考，想说就说；也有的孩子控制不住自己的情绪。所以，我们会觉得“那个孩子性格很差”。毕竟他们还是孩子，目前还处于探索这个未知世界的成长过程中。

特别是对于患有亚斯伯格症候群的孩子来说，他们难以做到像常人一样察言观色，因而总会无意间说出过于直率的话语，伤害到别人。但是，我们不能因此就说他们性格很差。

尤其是作为父母的我们，对于孩子们的各种行为举止，难道不应该抱以更宽容的态度吗？

另外，目前校园欺凌和嬉戏打闹的分界线是相当模糊的。关系亲密的朋友之间，即便有一些小打小闹也基本不会酿成什么大问题，但是如果和关系一般的人嬉戏打闹，就可能引发矛盾。

同好朋友说话，与同关系一般的朋友说话，两者截然不同。

成年人难道不也是如此吗？面对家人和朋友时很放得开，但面对初次见面的人时，会立马拘谨起来。

孩子们正处于努力学习该如何把握这种距离感的过程中。

“要善待所有人”是一句理想化的口号，我觉得它会妨碍到父母教育孩子如何把握人与人之间的距离感。

孩子在处理人际关系上碰壁是再正常不过的事情。

同时，在不断碰壁的过程中，他们还可以获得很多经验，慢慢学会如何把握与他人之间的距离感。

最后，关于校园欺凌现象，我想跟大家谈谈在拒绝校园欺凌的宣传标语上经常出现的一句话：“校园欺凌，绝不原谅！”

乍一看或是乍一听，这好像是一句不错的宣传标语。但是，我觉得这句标语完全没有人情味。

“校园欺凌，绝不原谅！”让人听上去有种即便道歉也不原谅、即便反省也不原谅的感觉。

当然，这句话的目的是为了防止校园欺凌的发生，而这对于生长在这种环境下的孩子们而言，还敢不敢坦诚地说出“我欺负了他”的事实呢？

从平成十八年开始，校园欺凌的定义变得更加宽泛。有时，就连大人都分不清究竟怎样的行为算是伤害别人，更别说孩子了。

别看我们高喊着“好好相处”“校园欺凌，绝不原谅”“杜绝校园欺凌”这样的口号，校园欺凌却绝不

会因此而消失。我甚至认为，这种排除多样性的口号可能还会成为滋生校园欺凌和无法解决校园欺凌问题的一个重要原因。

平成三十年，在麹町中学学生毕业典礼上，作为毕业生代表的荒川聪太郎同学，提到他的某位同班同学时这样评价道（全文记载在“结束语”中）：

他社会课学得很好，我总能看见他和老师、朋友一同讨论历史和地理知识。在演讲会上他也总是积极举手提问，有时候甚至提出一些让发言者为难的问题。所以一年级的时候，我总是用异样的眼光看他，奇怪他为什么有那么多的问题。

但是，如果他现在举手向我提问的话，我想没有人会去指责他吧。为什么呢？因为我们都了解他，清楚他擅长和不擅长的事情。第一个举手提问的人往往需要很大的勇气，且必须是经过深思熟虑的，这两点他都具备。而且，有些人还会因为他出其不意的提问发现一些新的要点并且引发深思，因此我们都很尊重他。

就连大人都难以做到“承认并尊重错误”，而年仅15岁的荒川聪太郎同学不仅明白这些道理，还将其用语言表达了出来。

在此，我呼吁包括我在内的所有成年人，我们都应该去思考整个社会怎样才能够做到这一点。

亲子教育小贴士

承认多样性，是认识和面对校园欺凌的第一步。

36

尽管和学校、教育委员会联系吧

学校和家长之间应该建立起相互沟通、相互对话的信任关系，但是我发现很多家长认为这很难做到。

在这之前，我们已经详细探讨了应对校园欺凌的方法。除此之外，我们还需要考虑如何向学校传达意见。

学校和家长之间应该建立起相互沟通、相互对话的信任关系，但是我发现很多家长认为这很难做到。所以在这里，我想给大家讲几个能让学校接纳家长意见的小窍门：

1.提前将想要传达的内容尽可能地区分出是事实、推测还是传闻；

2.去寻找你能够信任的老师（哪怕不是班主任也可以）；

3.如果没有，就去找校长、副校长等管理职位的人；

4.如果还是不行，就去联系管辖区内的教育委员会。

首先就要辨别你将要传达的信息的可信度，然后在可能的条件下，试着向孩子询问具体情况。

但这并不是说如果证据不确凿就不能去找校方商量。由于校方在不确认事实的前提下无法采取相应的对策，所以，为了让学校及时采取应对措施，非常有必要向学校尽快传达家长所获得的信息。

关于如何去找可以商量的人这点，我认为没有必要一定得是班主任。可以去找一个让自己感到安心，并且能够认真对待事件的老师。

如果不知道有没有这样的老师，那就请不要犹豫，直接去找校长或者副校长商量。

如果与校长、副校长商量之后事态还是没有得到好转，或是感到没有得到充分解决，那就请不用顾虑，直接联系管辖区的教育委员会（如市区町村的教育委员会）。

如果管辖区的教育委员会还是无法解决问题，可以试着联系一下自己所在地的政府机构。

其实我知道，很多父母就算是和校长联系都觉得不好意思，更别说是和教育委员会联系了。

这其中，不乏父母担心这会给自己的孩子带来不利。我敢说，这不会对你的孩子不利。如果无论如何都心有顾虑的话，那就试着以匿名的方式打电话联系。

电话结束的时候，别忘了告诉对方："在某某日

我还会来电的，届时请您把相关的处理结果告诉我好吗？”这一点非常关键。因为这样一来，事情就不会被丢在一边了。

亲子教育小贴士

找到值得信赖的人，是解决问题的关键。

37

全员成为当事者，教育便会改变

麹町中学之所以可以进行各类改革，是因为在解决问题的过程中，许多孩子、家长和老师都成为解决问题的当事人……

越来越多来自全国各地的人，咨询麹町中学在这方面的做法。这当中不仅有教师和从事教育相关工作的人员，也有很多父母。这些父母经常问我们："如果希望孩子目前所在学校也进行类似的改革，作为父母，能够做些什么呢？"

老实说，我认为父母们的提议对于改变学校往往作用不大，但也不是完全没有办法。

父母们可以竭尽全力地开展"对话"。

父母可以和市长、区长、教育局长、校长等所有与学校相关的人员进行对话。如果无法实现与最高领导的对话，也可以和他的下级等一切可以对话的人进行对话。

麹町中学之所以可以进行各类改革，是因为在解决问题的过程中，许多孩子、家长和老师都成为解决问题的当事人。

很多时候，往往家长和老师、孩子和老师之间会因各种问题产生对立、互相指责的现象，导致问题无法解决。

前几天，有一位老师跟我说："我想废除咱们学校的作业制度，遭到了周围人的反对……”

如果将废除作业制度作为改革的唯一手段，肯定会有人反对。

我觉得可以先列举出需要改革的事项，然后从中挑出切合实际的选项，再着手去解决。

我们不要拘泥于一件事情，去讨论“什么是正确的，什么是错误的”，而应从大家统一商量好的事情开始，试着去寻找一些经验。

大家齐心协力地解决问题，会加深相互之间的理解。

为了解决问题，从而不断进行对话。在这一过程中，引起大家对教育目标的共鸣，才是教育改革的第一步。

麹町中学将“培养自律的学生”作为育人的首要目标。

如果大家认可这样的育人目标，就会明白通过给学生补习、布置作业等方式提升学习能力的做法是不可取的，因为“填鸭式”的教育不会让孩子学会自律。

如果大家认可这样的育人目标，就可以一起集中讨论“如何让学生学会自律并提高学习能力”。

在这里，我想给大家分享一个**不会产生相互对立的“说话技巧”：**

假设你认为某项活动应该被取消，直接就说“我们取消这项活动吧”，肯定会有人反对。

但是，如果说“让我们调整一下活动方案吧”，进而提出缩减活动中不必要的部分，这样支持率就会提高。（之后活动一点点被缩小，如果没有特殊情况的话，到最后也就不举行了吧。）

其实，不光是麹町中学，日本全国各地都有家长、学校、教育委员会一起合作来推进教育改革的例子。

接下来，我们来看东京都日野市的一个例子。

由于日野市教育委员会提出了很多新的教育构想，所以，日野市教育委员会会长和日野市中学校长就来麹町中学考察。

日野市与其他地区不同的是，将PTA[①]导入到创建新的学习和教育环境的改革当中。

考察过后几个月，也就是2019年1月，日野市的全部中小学校长、副校长、家委会会长等约200人参加了我的演讲会。

在演讲会上，来自同一所学校的老师和家长会围着一张桌子坐下，探讨有没有明天开始就能做的事情。大家一致认为，通过这种现场的相互交流，确实能够探讨出一些有价值的东西。

我在演讲会上提到了“社团活动”，当讲到大多数老师是以志愿者的身份长期参与到社团活动的指导当中时，我发现很少有家长知道这件事。

所以说，如果能将老师们所付出的这些辛苦，哪怕是一点点，告诉家长的话，或许可以成为他们相互之间

---

①PTA是一种家长会组织，PTA的家长们经常联合学校老师，共同协调老师、学生和家长之间的关系。——译者注

建立信任关系的契机。**若能相互信任，很多事情也就迎刃而解了。**

在改革当中，要兼顾“多样性”和“重视每一个人”是十分困难的，但却是比较重要的。

为了实现它，我们只有对话。并且，如何让所有人都参与这个对话当中是决定胜负的关键。

若能做到这点，改革成功也就离我们不远了。

亲子教育小贴士

改革只能从对话中产生。

结束语

编写本书的过程中，我再次感叹“语言”的重要性。用词不当会给孩子们带来一系列的问题，会固化孩子们的观念，也会让父母们抱有幻想，影响亲子关系的和谐。这样的案例数不胜数。

正如在前文中所提到的，我们平日里经常使用的语言，包括那些新闻媒体、电视剧、电影中听起来不错的语言，每一句都需要经过反复斟酌之后再去使用。

我一直对我的学生和孩子强调：“即便无法友好相

处也没有关系。”

尤其对我的儿子们更是如此，我和他们学校的老师之间，也会有意见不同的时候。但我不觉得有什么不妥，因为社会本来就矛盾重重。

我还经常对他们说：“学校老师说的话不一定都是正确的，我说的话也不一定都是正确的，但是你们也没必要特意去纠正别人。”

无论是矛盾的事，还是意见相左的人，出现在我们的生活中都是理所当然的。本就没有谁对谁错，即使后悔也无法让时光倒流。命运有时也会左右人生。可是，无论是父母，还是孩子，都只能在这样的世界中生存。

孩子们将来肯定也会因为生存问题而感到苦恼，不过，苦恼就对了。如果是我的话，我会告诉他：“烦恼吧，烦恼吧，最后自己去做决定吧！”

孩子们自己选择的路，相信即使是失败也会成为他们前行的强大动力。

对孩子们来说，最重要的就是让他们自己做决定，走上自律的人生道路。

即将迎来退休的我，为自己是一名教师而感到骄傲。每次和不同的学生相处，都会有所收获。

其实，育儿也是如此。教育孩子绝不是一件简单的事情，父母和孩子之间在摩擦和矛盾中共同成长，最终形成相互信任的亲子关系。

一般亲子之间产生矛盾时，很多家长便会对育儿丧失信心，但是请不要忘记，这不过是你们人生路上的一个阶段而已，任何时候都可以补救。

结尾附上在麹町中学平成三十年毕业典礼上，毕业生代表的发言稿。里面讲述了如何实现包容性、多样性的社会。这篇发言稿，感动了包括我在内的在场所有人。

最后，感谢给予我众多灵感和想法的孩子们！

千代田区立麹町中学校长　工藤勇一

2019年10月

千代田区立麹町中学 第71期毕业生感言

荒川聪太郎

这是短暂的三年，也是漫长的三年。这三年，对于我们每个人来说，都是不一样的。回首这段时光，我有两样东西想要和大家分享。

第一样东西是“尊重”。

在学校里，老师经常告诉我们要尊重每个人的想法、尝试和个性。

我们年级里有很多个性鲜明的同学。比如，在大家安静吃午饭时，总能看到独自开怀大笑的D班活泼女孩；平时不怎么说话，但只要拿起话筒就喋喋不休的C班男孩；平时吊儿郎当，但在运动会上作为啦啦队队长努力活跃气氛的B班男孩……

还有很多这样的同学。

其中，还有一个非常爱提问题的男孩。接下来，我想跟大家聊一些关于他的事情。当然，我现在要说的话已经取得了他本人及其家长的同意。

他社会课学得很好，我总能看见他和老师、朋友一同讨论历史和地理知识。在演讲会上他也总是积极举手提问，有时候甚至提出一些让发言者为难的问题。所以一年级的时候，我总是用异样的眼光看他，奇怪他为什么有那么多的问题。

但是，如果他现在举手向我提问的话，我想没有人会去指责他吧。为什么呢？因为我们都了解他，清楚他擅长和不擅长的事情。第一个举手提问的人往往需要很大的勇气，且必须是经过深思熟虑的，这两点他都具备。而且，有些人还会因为他出其不意的提问发现一些新的要点并且引发深思，因此我们都很尊重他。

我们这个年级会尊重每一个人，这也是我亲身感受到的。

那时候我还是学生会会长。由于第一次担任这么重要的职务，内心经常忐忑不安。尤其是在最初，我特别在意“别人的眼光”。早会站在众人面前发言时，我不时地注意别人看我的眼神。平日里，无论是组织节日活动，还是学生会活动，我也总会留意同学们的眼光。因为我一直觉得受人瞩目不是好事情，毕竟“枪打出头鸟”。

但是，我错了。如今，我不仅能够非常轻松地站在众人面前发言，还能游刃有余地组织各类活动。为什么呢？我想这主要归功于我们年级的同学，他们并不是我原本想的那样。这三年里，无论是谁站在众人面前发言，或是组织活动，都得到了整个年级的支持。

所以担任学生会会长这一年，我过得非常快乐。

不知从何时起我开始注意到：如果我们能够做到尊重每个人的个性、想法和尝试，学校就会变成一个温馨舒适的地方。大家可以在这里互相学习，共同成长。

第二样东西是“目标”。

无论举办任何活动，都要有一个明确的目标，我们为了达到这个目标，需要不断地准备和练习。特别是初三的最后一场运动会，为了实现“全员同乐运动会”这个目标，我们做了很多的尝试和准备。其实，让擅长运动的人和不擅长运动的人都能乐在其中，并不是一件容易的事情。我们设计了接力赛、骑马战、台风之眼等项目，组织了啦啦队，设置了参赛队伍的分组制。由于每一件事情都是首次尝试，因此我们每天都待在会议室里探讨各类细节问题。比如，“大家会喜欢这个新项目吗？”“现场会有哪些意外情况发生？”很多时候，我们商量到很晚才能回家。

但是，我们的目标很明确，也一直朝着这个目标不断前进。在整个运动会的准备过程中，我们遇到了各种各样的问题，其中，最让我们感到棘手的是全员接力赛。这是一项每年都会举行的传统赛事，届时初三全体学生都会参与，但是，每年都有不想参加的同学。所以，经过策划委员会成员的再三考虑，决定对初三全体学生做一次问卷调查，询问大家的意思：赞成还是反对？

我们想着如果大家100%赞成的话，就照常举行。

最终，结果显示，大约10%，也就是有约15位同学反对举行全员接力赛。看到这个结果，策划委员会成员又开始犯难了。

赞成90%，反对10%，按少数服从多数原则的话，应该举行全员接力赛。但是，在经过一番讨论之后，我们还是决定取消，因为我们的目标是组织一场全员都能乐在其中的运动会，不应该简单用少数服从多数的办法做决定。

虽然在运动会上也发生了一些小意外，但对我来说，那是迄今为止最棒的一场运动会。大家觉得呢？

能够在每场赛事、活动中找到明确的目标，就能渐渐看清自己应该做什么。这是我在麹町中学的三年里逐渐明白的道理。

目标就像路标，提醒我们朝着那个方向前行。虽然有的时候也会像全员接力赛一样，无法按照自己的意愿顺利进行，但是只要最终达成目标，我们就能体会到无与伦比的喜悦感和成就感。这也是我们需要找到明确目标的真正意义所在。

初一、初二的各位同学，很抱歉说了这么多关于我们初三的事情。其实，我最想告诉大家的是第一样东西“尊重”。我认为“尊重”是享受校园生活的一个小诀窍。说别人的坏话、嘲笑别人，不会让我们感受到真正的快乐，只有大家相互尊重，令人舒心的校园生活才能让我们感受到真正的快乐。虽然我们只有一两岁之差，但是作为“前辈”，我还是想把这些分享给大家。让我们在各自的舞台上一起加油吧!

尊敬的老师们，感谢你们三年来对我们的谆谆教诲。正是因为你们的支持和鼓励，我们才得以带着如此轻松愉快的心情毕业。感谢所有为我们辛勤付出的学校工作人员，谢谢你们!

同时，也要感谢一直关爱我们的所有人！衷心希望各位将这份关爱一如既往地延续下去。

另外，我还想代表年级全体学生，向各位家长致以诚挚的感谢！十五年来，感谢你们的陪伴。如果没有你们的支持，就没有今天的我们。未来会怎样，我们不得而知，还请今后多多关照!

初中三年将是我最珍贵的回忆，回首往事，我们有过欢声笑语，有过悲伤忧愁。最后，我想对各位即将毕业的同学说一句，感谢你们！愿我们友谊长存！